작전명 말모이
한글을 지킨 사람들

작전명 말모이
한글을 지킨 사람들

글 김일옥 그림 김옥재

스푼북

작가의 말

여러분들은 독립운동 하면 어떤 사람, 어떤 모습이 떠오르나요? 홍커우 공원에서 일본 요인들에게 폭탄을 던진 윤봉길 의사, 이토 히로부미에게 총을 쏜 안중근 의사, 일본군과의 전투에서 큰 승리를 거둔 김좌진 장군이나 홍범도 장군과 같은 분들이 생각나지 않나요? 이렇게 일본과 싸워서 우리나라의 독립을 얻으려 했던 방법을 무장 투쟁이라고 해요.

무장 투쟁은 일본에 대항하고 우리의 독립 의지를 세상에 알리는 좋은 수단이었지만, 무장 투쟁만이 독립운동의 모든 것이 아니에요. 조선어 학회의 우리말 연구와 사전 편찬은, 우리 민족의 정신과 뿌리를 잃지 않으려는 또 하나의 독립운동이었어요.

그래서 이 책은 단순히 우리말 사전을 만들다가 고생했던 사람들의 이야기가 아니에요. 일본이 나라를 빼앗아 가려고 할 때 주시경 선생님은 비록 나라를 빼앗기더라도 우리의 정신만은 빼앗기지 않겠다고 결심했어요. 바로 우리말과 우리글이 우리의 정신이라고 생각한 거예요. 그리고 우리 정신을 지키려면 사전이 필요하다고 생각했어요. 그 생각에 많은 사람들이 고개를 끄덕였고 행동에 나섰지요.

그것이 바로 '말모이 운동'이랍니다. 전국 각지에서 내가 쓰는 말, 우리 동네에서 쓰는 말들을 적어서 조선어 학회에 편지를 보내고, 그 편지를 학회의 학자들이 정리해 나갔어요. 그렇게 많은 사람의 노력이 모인 끝에 조선어 학회는 사전 편찬이라는 꽃을 피웠고, 그래서 35년간 이어졌던 일본의 식민 지배에도 우리는 우리의 정신을 지킬 수 있었답니다.

우리말은 아주 오래전부터 우리 조상들이 사용해 왔고, 한글은 세종 대왕께서 창제하신 훌륭한 우리글이에요. 그렇지만, 지금 우리가 쓰는 말과 글은 일제 강점기 시대를 견뎌 낸 사람들과 조선어 학회 학자들에 의해 다시 태어난 거나 다름없어요. 새 생명이 탄생할 때 밀려오는 감동처럼, 이 책을 쓰면서 알게 된 사람들의 이야기는 저에게는 너무나도 큰 감동이었답니다. 제가 느꼈던 감동을 여러분에게 오롯이 전달할 수 있기를 바랍니다.

김일옥

차례

- 작가의 말 • 4
- 들어가는 글 • 8

1장_조작된 사건
- 영생여고보 선생, 정태진 • 20
- 체포된 조선어 학회 사람들 • 25
- 고문으로 완성시킨 사건 • 32

2장_시작된 재판
- 드디어 재판이 열리다 • 40
- 죄명: 치안 유지법 1조 내란죄 • 42
- 한글이 목숨이다 • 48

3장_천한 글, 국문이 되다
- 근대의 언어, 한글 • 54
- 순우리말 신문의 등장 • 56
- 빼앗긴 조국 • 60
- 해방의 그날까지 • 63

4장_또 하나의 독립운동

- 우리말 사전을 만들어야 한다 • 68
- 조선어로 된 민족 신문이 창간되다 • 71
- 조선어사전 편찬회의 설립 • 73
-  특집 조선어 학회의 얼굴 이극로 선생을 만나다! • 82

5장_작전명 말모이

- 말모이 작전이 시작되다 • 88
- 한글 맞춤법 통일안 • 98
- 넘어야 할 산, 외래어 표기법 • 99
- 허가를 내준 일본의 속셈 • 104

6장_그날이 오면

- 서울로 가는 마지막 열차 • 110
- 해방된 조국에서 • 113
- 기적적으로 돌아온 사전 원고 • 117
- 전쟁 중에도 사전을 만들다 • 120
- 한글 간소화 파동이 일어나다 • 122

- 조선어 학회 연표 • 124

말은 나라를 이루는 것인데 말이 오르면 나라도 오르고 말이 내리면 나라도 내린다. 이러므로 나라마다 그 말을 힘쓰지 아니할 수 없는 바다. 글은 말을 담는 그릇이니 이지러짐이 없고 자리를 반듯하게 잡아 굳게 선 뒤에야 그 말을 잘 지킬 수 있다.

- 주시경, 〈한나라 말〉에서

🌸 사건의 시작

사건의 시작은 아주 사소했다. 1942년 3월 함경남도 홍원역 기차 대합실에서 한 남자가 친구를 기다리고 있었다. 그 남자에게 경찰이 다가가 다짜고짜 이름을 물었다. 남자가 당당한 목소리로 말했다.

"박병엽이오!"

박병엽은 경찰서로 끌려갔다. 옷차림이 불량하고 조선식 이름을 쓴다는 이유에서였다. 일본에서 정한 녹갈색의 국민복을 입지 않고 흰색 두루마기를 입고 있다는 점과 이름을 일본식으로 바꾸지 않는 걸 보아하니 불령선인임에 틀림없었다. 일본은 자기네 말을 따르지 않는 조선 사람을 불령선인이라고 불렀다.

이 불령선인을 조사해 보니 홍원 어업 조합장의 아들이었다. 돈깨나 있는 집이다. 사소한 불심 검문쯤은 벌금 좀 내면 된다고 생각했는지도 모른다. 하지만 박병엽의 자신만만한 태도가 경찰의 심기를 건드린 듯했다. 경찰은 좀 더 수사해 봐야겠다면서 사건을 고등계로 넘겼다.

조선식 이름을 쓰고, 조선 옷을 입고 있다는 이유로 박병엽은 가택 수색을 당했다. 경찰들은 박병엽의 집에 있는 수상쩍은 물건들을 싹 들고 경찰서로 가져갔는데, 그중에는 무려 오천여 권에 달하는 책도 있었다. 그러나 압수한 물건들을 샅샅이 훑어봐도 박병엽을 구속할 만한 꼬투리를 찾지 못했다. 사건은 그저 그런 수많은 불심 검문 중 하나로 사라지는 듯했다.

그러던 8월, 사건은 새로운 반전을 맞이하게 된다.

여름 방학을 맞아 집에 돌아온 박병엽의 조카 박영희는 잔뜩 화가 나 있었다.

"아니, 삼촌. 내 일기장은 왜 가져가! 당장 돌려줘. 돌려 달라고 해."

일본 경찰이 압수한 책 중에는 박영희의 일기장도 있었던 것이다. 박병엽은 경찰에 연락해서 압수한 물건을 돌려 달라고 요청했다. 검토가 아직 다 끝나지 않았다면 일기장만이라도 돌려 달라고 부탁했다. 하지만 그것이 야스다의 의심에 불을 댕겼다.

'왜 많고 많은 책 중에 콕 찍어 일기장을 돌려 달라고 하지?'

야스다는 생각했다.

일본식으로 이름을 바꾸기 전 야스다의 이름은 안정묵으로, 그는 일본인 순사들보다 더 잔혹하게 같은 민족을 탄압했던 조선인 순사였다.

당시 고등계 형사 부장이던 야스다는 묵혀 두었던 압수 물품 중 일기장을 꺼내 들었다. 그러고는 일기장을 한 장 한 장 읽어 보기 시작했다.

오늘 국어를 썼다가 선생님한테 단단히 꾸지람을 들었다.

순간 야스다의 눈이 반짝거렸다.
'오호, 요것 봐라?'
드디어 꼬투리를 잡았다. 당시 우리나라의 국어는 조선어가 아니라 일본어였다. 일본은 교육령을 내려 학생들이 조선어를 배울 수 없게 했고, '국어 전해 운동', '국어 상용 운동'을 펼쳐 한반도에서 조선어를 완전히 없애려고 했다. 그런데 감히 국어를 썼다고 꾸지람을 해? 명백히 법령 위반이다.
야스다는 곧장 박영희를 체포하여 경찰서로 끌고 왔다. 갑자기 경찰 취조실로 끌려 들어온 박영희는 잔뜩 겁을 먹었다.
'무슨 죄로 끌려왔을까? 내가 뭘 잘못했지?'
야스다는 박영희를 다그쳤다.
"국어를 썼는데 꾸지람을 한 선생이 누구냐?"
박영희는 도대체 무슨 말인지 이해할 수가 없었다. 얼떨떨해하는 박영희에게 야스다는 일기장을 펼쳐 보였다. 어제 일기도 아니고, 무려 이 년 전 일기장이었다. 하지만 최대한 기억을 해내야만 했다.

'국어를 썼는데 꾸지람을 들었다?'

공포는 얼마나 뇌세포를 활발히 움직이게 하는 걸까? 박영희는 이 년 전 사건을 기억해 냈다. 하루아침에 모두가 일본어로 말해야만 했다. 집에서든 학교에서든. 늘 사용하던 조선어를 버리고 갑자기 일본어로 말하자니 영 불편했고, 속에서 뭔가 울컥하는 기분도 들었다. 교실에 '국어 상용'이라고 쓰인 푯말이 걸려 있었는데 누군가 그것을 거꾸로 걸어 두었다. 아주 사소한 저항이었다. 하지만 거꾸로 걸린 푯말을 보고 선생님은 엄청 화를 냈다. 바로 그날의 일기였다. 하지만 그 이야기를 할 수는 없었다.

"제가 그때는 너무 어려서 뭘 몰랐어요. 조선어를 썼거든요. 입에 밴 습관이어서……. 저도 모르게 학교에서 조선어가 튀어나왔어요. 그래서 선생님이 절 혼내셨지요. 저도 이제 조선어는 안 쓰고 일본어, 그러니까 국어로 이렇게 잘 말한답니다. 선생님이 절 따끔하게 혼내신 덕분이지요."

야스다도 순간 헷갈렸다. 조선어? 국어? 일본어? 박영희가 잽싸게 정리해 주었다.

"그러니까 제가 일기에 '조선어'라고 써야 하는데, '국어'라고 잘못 썼다는 거죠."

야스다는 중얼거렸다.

"오늘 조선어를 썼다가 선생님한테 단단히 꾸지람을 들었다?"

"네, 그렇죠. 바로 그거예요."

야스다는 취조실 책상을 회초리로 톡톡 두들겼다.

"그러니까 그때 너는 조선어를 국어라고 생각한 거네?"

"……네. 철딱서니가 없었던 거죠."

야스다는 음흉하게 웃었다.

"누구지?"

"네?"

"누가 너한테 '조선어가 국어다.'라는 생각을 불어넣은 거지?"

"……네?"

야스다는 힘껏 박영희의 뺨을 후려쳤다.

그때부터 박영희의 고통은 시작되었다. 부모? 가족? 친구? 선생님? 도대체 누구의 이름을 말해야만 취조실을 벗어날 수 있을까? 그렇다고 아무 이름이나 대서 괜한 고초를 겪게 할 수도 없는 노릇이었다. 결국 박영희의 일기장에 등장하는 친구들이 줄줄이 경찰서로 끌려왔다. 한 명, 한 명 취조실로 끌려가면 자신의 차례가 올 때까지 친구들의 비명 소리를 들어야만 했다.

얼마 후 야스다는 결론을 낼 수 있었다. 학생들에게 '조선어가 국어다.'라는 불순한 생각을 집어넣은 선생은 일기장에 도장을 찍은 정태진이다.

그 선생은 지금 어디 있지?

세 시기로 나누는 일제 강점기

1910년부터 1919년 3·1 운동 전까지를 '무단 통치기'라고 불러요. 우리 민족의 독립 의지를 꺾기 위해 공포 분위기를 조성하던 시기였어요. 총칼을 찬 일본 군인들이 길거리를 돌아다녔고, 학교 선생님들도 칼을 차고 다녔지요. 그러다 3·1 운동이 일어났어요. 전국으로 들불처럼 번진 운동의 열기에 일본은 통치 방식을 바꾸게 되었어요. 정치, 언론, 교육 등 많은 부분에서 자유를 주는 듯하면서, 교묘하게 우리 민족을 분열시키는 통치 방식이었지요. 곧 일본의 식민 지배를 인정하고 우리 민족의 자치권을 부여받자고 주장하는 사람들이 생겨났어요. 1919년 3·1 운동 이후부터 1931년까지의 이 시기를 '문화 통치기'라고 부릅니다.

1931년부터 해방이 되는 1945년까지는 '민족 말살 통치기'라고 불러요. 일본은 1937년에 중국과 중일 전쟁을, 1941년에는 미국과 태평양 전쟁을 벌여 전쟁을 치를 때 필요한 모든 것을 빼앗아 갔어요. 우리 민족은 강제로 군대에 끌려갔을 뿐 아니라 밥상 위의 놋그릇과 수저까지 빼앗겼답니다.

황국 신민화 정책이란?

민족 말살 통치기에 일본은 우리 민족이 일본을 위해 기꺼이 목숨을 바칠 수 있도록 세뇌하려고 했어요. 그렇게 시작된 것이 황국 신민화 정책이에요. 우리 민족을 일왕의 충실한 신하로 만든다는 뜻이지요.

대표적인 황국 신민화 정책으로 일본식 성명 강요와 황국 신민 서사 암송이 있어요.

● **일본식 성명 강요**

일본식 성명 강요는 일본식으로 이름을 바꾸는 것을 말해요. 부모님이 지어 준 멀쩡한 이름을 일본식으로 바꾸라 하니, 우리나라 사람들은 당연히 싫어했지요. 하지만 이름을 바꾸지 않으면 학교에 갈 수도, 직장에 다닐 수도 없었어요. 결국 많은 사람이 일본식으로 이름을 바꾸었답니다.

● **황국 신민 서사 암송**

일본인들은 일왕을 위해 목숨을 바치는 것을 영광스러운 일이라고 생각했어요. 우리 민족들도 그런 마음을 가질 수 있도록 신사에 가서 절을 하게 했지요. 그리고 매일 아침 황국 신민 서사를 큰 소리로 외치게 했답니다.

일본은 이런 방법으로 우리 민족의 정체성을 없애 버리려고 했어요. 하지만 일본식으로 이름을 바꾸거나 일왕에게 절을 할 수 없다며 끝까지 이름을 바꾸지 않고, 심지어는 목숨을 끊은 사람도 있었답니다.

조선어 학회 : 1931년 11월에 조선어 연구회를 고친 것. 국어의 연구·발전을 목적으로 한 민간 학술 단체로, 일제의 탄압 아래 꾸준히 우리말을 연구·보급해 왔으며, 뒤에 한글 학회로 이름을 고쳤다.

- 국립국어원, 《표준국어대사전》에서

1장 _ 조작된 사건

🌸 영생여고보 선생, 정태진

　1942년 8월 말경 사전 만들기 작업이 막바지에 이르렀다. 최종적으로 원고를 넘기기 전 혹시나 놓친 건 없을까 확인하고 정리해야 하는 일이 많았다. 정말 눈코 뜰 새도 없이 바쁜 날들이 계속 이어졌다. 뒤늦게 작업에 합류한 정태진도 마찬가지였다. 그러던 어느 날, 집에 돌아와 보니 편지가 한 통 와 있었다. 편지의 발신인은 '홍원 경찰서'였다.

　'홍원? 함흥 바로 옆 동네가 아닌가?'

　무슨 일인지 싶어 대문 앞에서 바로 편지를 뜯어보았다. '치안 유지법 피의 사건의 증인'으로 9월 5일까지 경찰서에 오라는 거였다.

　정태진은 십수 년 동안 영생여고보에서 아이들을 가르치다가 이 년 전 여름, 학교를 그만두고 함흥을 떠나왔다. 정태진은 수업 시간에 종종 역사 인물 이야기를 해 주곤 했었다. 아이들은 이야기 듣기에 흠뻑 빠져서는 교실

문을 열고 들어가면 "이야기!", "이야기해 주세요!"하고 외쳐 대곤 했다. 정태진의 머릿속에 까르르 잘 웃던 제자들의 얼굴이 떠올랐다. 그 아이들 중 누군가에게 무슨 일이 생긴 것은 아닌지 걱정도 되었다.

하필이면 치안 유지법이라니. 코에 걸면 코걸이, 귀에 걸면 귀걸이 같은 법이었다. 한번 꼬투리를 잡히면 별것 아닌 일로도 무거운 처벌을 받을 수 있는 악법인 것이다. 정말이지 무서운 세상이었다. 정태진은 별일 아닐 것이라 애써 마음을 다잡았다.

9월 4일, 정태진은 밤늦게 홍원으로 가는 기차에 몸을 실었다. 증언만 해 주고 바로 경성으로 돌아와야만 했다. 정태진은 학회가 정신없이 바쁜 시기에 개인적인 일로 자리를 비우는 것이 미안했다. 서둘러 다녀와야겠다고, 증인으로 가는 것이니 이삼일 정도면 끝날 것이라고 생각했다.

9월 5일, 홍원 경찰서에 들어갔을 때 정태진은 이미 '증인'이 아니었다. '피의자'였다. 피의자로 부르면 도망을 갈지 모르니 증인으로 불렀단다. 정태진은 어이가 없었다. 자신이 도대체 무슨 잘못을 했기에 갑자기 피의자가 되었단 말인가?

"네가 교단에 서서 학생들에게 민족의식을 불어넣었잖아!"

사람들은 정태진더러 신중한 사람이라고 했다. 혹여나 꼬투리가 잡힐까 봐 절대 조선의 독립이니, 민족의 단결이니 하는 말을 입 밖으로 꺼내 본 적도 없었다.

"무슨 말도 안 되는 말씀이오? 나는 그런 적이 없소."

그러자 얼굴이 돌아가고 입과 코에서 피가 터져 나왔다. 주변 사물들이 일그러졌다.

"조선어가 국어라고 학생들을 세뇌하지 않았나? 이미 증언과 증거가 있는데 발뺌하다니!"

"그렇다면 고소를 하시오!"

말이 뭉개져 나왔지만 정태진은 빨리 이 일을 마무리 짓고 싶었다. 아무리 조선인에게 불리한 법정이라지만 이 정도 일로는 재판정에서도 죄를 주진 못한다는 걸 잘 알고 있었다.

"고소하라고? 네 놈이 뭔데 이래라저래라 명령질이야? 건방진 놈, 머리에 먹물이 들어 눈에 뵈는 게 없지?"

고문이 시작되었다. 건방지다는 이유였다. 말을 높이면 비웃는다고 맞고, 말을 낮추면 시건방지다고 맞았다. 도대체 경찰이 원하는 게 뭔지 알 수가 없었다. 진술서를 쓰라는데, 무엇을 써야 할지 몰라서 머뭇대다 알몸으로 맨바닥을 굴러야 했다. 도저히 견딜 수 없는 지경에 이르렀을 때 야스다가 말했다.

"네 소속이 어디야? 독립 단체지? 감히 대일본 제국에 반감을 품고 독립 운동을 하려 해?"

맙소사! 정태진은 절대 아니라고 손을 내저었다. 그러다 문득 자신이 속한 조선어 학회에서 만들고 있는 조선어사전이 떠올랐다.

"형사님께서는 잘 모르시겠지만 학자들에게는 학회라는 게 있습니다. 학자는 학회에 정식으로 다 소속되어 있어야만 하고……."

 말이 길다는 이유로 맞았다. 하지만 야스다가 원하는 바는 명확했다. 조선어 학회가 민족주의자들의 집단이라는 걸 인정하라는 거였다. 정태진은 당장 고개를 끄덕이고 싶었다.

 민족주의자들이 나쁜 건가? 민족주의자라고 인정하는 거 정도는 괜찮지 않을까? 자신이야 아이들을 가르치면서 우리 민족에 대해 이야기하는 바람에 꼬투리를 잡혀 이 꼴을 당하고 있지만, 조선어 학회 사람들은 어디 가서 말을 많이 하는 사람들이 아니니까 트집 잡힐 일도 없지 않을까? 이십여 일 동안 이어진 끔찍한 고문 끝에 정태진은 거짓 진술서에 도장을 찍었다.

 혼자 남겨진 시간, 맑은 정신이 들면 자꾸만 무서워졌다. 정태진은 큰일이 나는 건 아닐까 걱정스러웠다. 금방 다녀오겠다고 말하고 경성을 떠나 온 지 이십 일이 지났다. 학회에는 이극로가 있다. 이극로라면 정태진이 자리를 오래 비우는 것만으로도 일이 잘못 돌아가고 있다는 사실을 눈치채고 사람들에게 주의를 주었을 것이다.

 이극로는 야무지고 똑똑한 사람이었다. 조선 총독부에도 아는 사람이 많았고 유명한 사람들과 인맥도 대단했다. 어쩌면 이미 소식을 듣고 정태진을 빼내 줄 대책을 세웠을지도 모른다. 정태진은 집에서 걱정하고 있을 아내와 아이들의 얼굴이 떠올랐다. 온몸이 욱신거렸다. 아프지 않은 곳이 없었다.

🌸 체포된 조선어 학회 사람들

정태진의 소식이 끊긴 지 이십여 일이 지난 1942년 9월의 마지막 날, 조선어 학회 사무실의 사전 편찬실은 여전히 분주했다. 숨 돌릴 틈도 없이 바쁜데, 오늘도 정태진이 보이지 않자 사람들은 살짝 짜증이 났다.

"정 선생은 오늘도 출근하지 않았소?"

"예, 함흥에 간다고 하고선 감감무소식이네요."

"허허, 정 선생이 함흥차사가 되었나? 어찌 이리 소식이 없단 말이오."

"아무리 늦어도 이삼일이면 돌아올 거라 했는데……, 무책임한 사람이 아닌데 무슨 일이 있나 걱정이 되네요."

정태진과 친구인 정인승의 말에 이극로도 불안해졌다.

'무슨 일이 생겼는지 알아봐야겠군.'

그동안은 너무 바빴다. 사전을 출판해도 좋다는 허가를 받기 위해 이극로는 조선 총독부 건물을 매일 출근하듯이 드나들었다. 이것 고쳐라, 저것 고쳐라 하며 지시 사항이 너무 많았지만, 결국은 출판 허가를 내주었다. 그 때문에 지금도 원고를 수정하느라 다들 애를 먹고 있다. 하지만 사전만 출간된다면야 그 정도 고생은 충분히 받아들일 수 있었다.

문제는 막상 허가받은 사전을 출판할 돈과 물자가 없다는 거였다. 전쟁 때문에 요즘 모든 물자를 배급 받는 상황에서 특히나 종이는 더 귀했다. 군대와 관청에서 쓰고 남은 종이를 민간 출판사에 나눠 주는데, 어느 출판사가 귀한 종이를 사전을 출판하는 데 쓰려고 할까? 혹시나 사정이 좀 나은 출판사가 있지 않을까? 이리저리 알아볼 게 너무 많았다.

하지만 정태진의 행방불명은 예감이 안 좋았다. 이극로는 아무리 바빠도 이렇게 오래 자리를 비울 일이라면 그게 무엇인지 신경 썼어야 했다는 자책이 들었다.

"다들 아시지요? 만약 우리에게 무슨 생기면 한상룡 씨에게 힘써 달라고 단단히 말을 해 두었소. 그러니 걱정 마시고, 그냥······."

한상룡은 대표적인 친일파였다. 이처럼 이극로는 친일파와도 친분을 유지하고 조선 총독부의 인사들이나 경찰들에게도 손을 써 두었다. 자칫 일본의 앞잡이로 오해받을 수도 있었지만, 조선어사전을 편찬하기 위해서라면 어쩔 수 없었다. 이극로의 거듭된 당부에 한징이 대답했다.

"걱정 마시오, 이 선생. 귀에 딱지가 앉겠소. 목구멍이 포도청이라고, 우리는 그냥 사전을 만들라고 해서 만들었을 뿐이라고 말하면 되지 않소?"

평소 점잖았던 한징의 말에 사람들이 모두 웃음을 터뜨렸다. 그러고는 곧 저마다의 일에 몰두했다.

이극로는 학회 사무실 일 층에 살림집을 차렸다. 그래서 밤늦게라도 퇴근을 할 수 있었다. 하지만 대부분의 조선어 학회 학자들은 원고를 정리하다 보면 금방 통행금지 시간이 되었고, 결국 사무실에서 밤을 꼴딱 새다가 새벽

이 되어서야 집에 돌아갈 수 있었다.

그날도 어김없이 새벽에 집에 들어온 정인승은 깜짝 놀랐다. 형사 두 명이 집 앞에서 정인승을 기다리고 있었다.

"무슨 일이십니까?"

"잠깐 경찰서까지 동행해 주시면 됩니다. 가 보면 압니다."

정인승은 집에 들어가지도 못하고 형사를 따라 종로 경찰서로 발걸음을 옮겼다. 경찰서에서도 무슨 일로 왔는지 설명해 주는 사람이 없었다. 그리고 얼마 있지 않아 같은 조선어 학회 학자인 이석린도 경찰서로 들어왔다. 이석린 역시 아침에 방문한 형사들에 의해 끌려 들어왔다고 했다.

"못된 놈들. 내가 어련히 따라갈 건데, 늙으신 우리 어머니와 두 살배기 아들 앞에서 그렇게 사람을 끌고 와!"

놀란 어머니와 엉엉 울던 아들이 걱정되는지 이석린은 안절부절못했다.

오후가 되어 이극로까지 종로 경찰서로 들어오자 그들은 뭔가 큰일이 터졌다는 걸 직감했다. 하지만 무슨 일인지 몰라 서로 말을 아꼈다.

다들 왜 끌려왔는지 영문도 모른다는 게 가장 답답했다. 짚이는 거라고는 이십여 일 전 소식이 끊긴 정태진에게 무슨 일이 난 게 아닌가 하는 것 정도였다.

이극로는 사람들을 다독였다.

"무슨 일인지 모르겠지만 걱정 마시오. 시간이 조금 걸려도 별일은 없을 거요. 내가 여러 방면으로 손을 다 써 두었다는 거 아시지 않소."

"예. 우린 그저 목구멍이 포도청."

학자들은 고개를 끄덕이면서 아무렇지 않는 척했지만 실은 너무 불안했다. 그날 새벽 이희승, 최현배, 김윤경 등 다른 조선어 학회 학자들도 집에서 각자 형사들의 방문을 받고 경찰서로 끌려갔다. 그들은 전차를 타고 경성역으로 호송된 다음 기차를 타고 함흥이나 홍원으로 끌려갔다.

조선어 학회 학자들이 경찰들에게 잡혀가는 동안 학회 사무실에도 경찰들이 들이닥쳤다. 그러고는 편찬실에 있는 사전 원고와 관련 자료들을 모조리 압수했다.

경찰들은 압수한 자료를 샅샅이 훑어보면서 간접적으로라도 조선어 학회를 도운 사람들을 찾기 시작했다. 그들 중 하나가 《한얼 노래》라고 하는 책자를 뒤적이고 있었다.

"일어나라, 움직이라! 한배검이 도우신다……. 이게 무슨 말이지?"

"사람들에게 폭동을 일으키라는 말이지 않을까?"

"어? 그건 대종교의 노래 가사 수록집이네요."

"역시 그랬어. 바로 그거야. 확실해! 대종교 사람들은 불령선인들 아닌가. 잘되었군. 명단에 적힌 사람들은 모조리 대종교 사람이다. 잡아 와!"

그렇게 대종교 사람들이 체포되었다. 경찰은 이번 사건을 통해 끈질기게 살아남은 민족주의자들을 모조리 잡아내겠다는 의지를 다졌다.

"자네, 소식 들었나? 이극로 선생님이 종로 경찰서로 끌려갔대."

"뭐라고? 나는 최현배 선생님이 끌려가는 거 봤는데."

사람들은 서로의 얼굴을 빤히 쳐다보았다. 두 사람의 검거 소식은 순식간에 퍼졌다. 조선에서 이극로와 최현배를 모르는 사람은 없었다. 조선의 지식인으로, 조선 사회의 어른으로 너무나도 유명했기 때문이었다. 둘의 공통점을 찾느라 사람들의 머리가 바쁘게 돌아갔다.

"조선어 학회!"

"맞아. 터졌군, 터졌어. 이번에는 조선어 학회에서 무슨 난리가 날 건가 봐."

설마 그분들도 어찌 되진 않겠지? 사람들은 불안했지만 어찌할 방법이 없었다. 그동안 조금이나마 학회를 도왔던 사람들도 혹시나 자기에게 불똥이 튀지 않을까 공포에 떨었다.

보름이 지나지 않아 대종교 사람들뿐 아니라 학회에 이름을 올렸던 각계 인사들도 모두 잡혀 들어갔다. 학회에 막대한 자금을 지원했던 이우식과 정세권 등도 체포되었다. 그들은 함흥 경찰서와 홍원 경찰서로 흩어져서 각각 조사를 받았는데, 그때 경찰서에는 신사 참배를 거부한 기독교인들로 이미 가득했다. 어찌나 많은 사람들이 잡혀 들어왔는지 다리를 뻗기는커녕 서로 얼기설기 다리와 무릎을 베고 잠을 자야 했다.

저항할 의지조차 없애라!

조선 총독부에서는 조선인들의 저항을 없애기 위해 여러 가지 사건을 부러 만들었어요. 직접적인 폭력을 휘둘러 사람들을 지배하려고 한 거지요. 그래서 지식인, 유명인, 부유한 사람들, 조선 사회에 영향력을 행사할 수 있는 사람들을 차례로 잡아 와서 본보기를 보였어요. 이런 사람들이 굴복하면 그 누가 감히 저항을 하겠어요?

사건에 휘말린 거의 대부분의 지식인들은 고문을 이기지 못하고 변절했어요. 한번 경찰서에 들어갔다 나오면 일본 제국의 열렬한 추종자가 되어 버렸지요. 이광수, 최남선, 최린 등 몇몇 지식인들은 조선의 젊은이들에게 어서 전쟁에 나가라고 등을 떠밀기까지 했어요. 일왕을 위해 죽는 것은 고귀한 일이라고 억지 주장을 펼쳤지요. 그들을 믿고 따르던 수많은 사람들은 절망했어요.

하지만 끝까지 변절하지 않은 사람들도 있었어요. 그중에는 민족정신을 강조했던 대종교 계열의 사람들이 많았지요. 대종교는 단군을 섬기는 우리나라의 민족 종교예요. 일본은 조선어 학회 사건을 빌미로 대종교 사람들 스물한 명을 체포했어요. "일어나라, 움직이라"라는 글을 "봉기하자, 폭동하자"로 번역해 눈엣가시였던 대종교 사람들을 박해했던 것이지요.

대종교에서는 1942년(임오년)에 일어난 이 사건을 임오교변이라고 부릅니다.

❀ 고문으로 완성시킨 사건

경찰은 매일 밤 열한 시쯤 학자들을 불러다 조사를 하기 시작했는데, 문제는 이렇다 할 증거가 나오지 않는다는 거였다. 경찰은 주로 사전의 어휘를 두고 치졸한 트집을 잡았다.

"임진왜란? 왜라니! 어째서 '왜'(작다는 의미가 있다.)라는 글자를 썼나? 대일본 제국을 깔보는 수작이 아니냐?"

"어째서 경성(서울)에 대한 설명이 도쿄보다 길지? 이런 게 다 너희들이 민족정신을 높여 보겠다 뭐 그런 게 아니야?"

"……그, 그런 게 아닙니다."

그런 게 아니라는 건 경찰이 원하는 대답이 아니었다. 경찰들은 그럴듯한 사건을 만들고 싶은데, 없는 사건을 만들려고 하니 상황은 점점 지옥으로 변해 갔다.

얼굴을 맞으면 입이 부어 보름은 말을 할 수 없었고, 손가락 사이가 찢어지고 귀가 찢어지는 부상 정도는 가벼운 축에 속했다. 매일매일 끔찍한 고문이 이어졌다.

"조선어 학회 사무실에서 밤낮으로 붙어 앉아 뭐했어? 이극로 너는 대통령이 되고 정인승 너는 문무대신이 되자, 그런 모의를 했지!"

"예, 예. 제가 분수도 모르고…… 그랬습니다."

조선어 학회를 후원했던 정세권과 이우식은 '조선 기념 도서 출판관'과 '조선 양사원'의 설립에 대해 집중적인 조사를 받았다. 조선 기념 도서 출판관은 이극로가 제안하여 만들었는데, 환갑이나 결혼 때 받은 부조금으로 조선어 기념 서적을 내주는 회사였다.

"아니 좋은 일에 기념하는 책자를 내자는 게 뭐가 잘못되었다는 거요?"
그 책에 적힌 글자가 일본어가 아니라 조선어라는 게 문제였다.

조선 양사원 역시 그냥 넘어가지 않았다. 조선 양사원은 오래전부터 이극로를 후원했던 이우식의 생각이었다. 민족의식이 강한 학자일수록 먹고살 길이 없으니, 그 학자들을 후원해 줄 재단을 만들어 보겠다는 거였다. 인재를 키워 내는 것은 이우식의 오랜 소망이었고, 이를 위해 그는 기꺼이 자신의 모든 재산을 내놓을 생각이었다. 이에 질세라 정세권은 가회동의 큰 기와집을 기증하고, 대구의 어느 참판 댁에 있던 책 일만 팔천 권도 기증하겠노라 약속했다. 하지만 조선 총독부는 재단의 설립을 허가해 주지 않았다.

모두가 힘든 시간이었지만 이극로와 이윤재의 고통은 더욱 심했다. 이극로는 조선어 학회의 대표였기에 그랬고, 이윤재는 중국의 상하이에서 김두봉을 만난 일 때문이었다.

김두봉은 일본이 눈에 불을 켜고 체포하려 했던 독립운동가였다. 주시경의 제자로, 주시경이 죽은 후 뜻을 이어받아 국어 연구를 계속하였다. 그러던 중 3·1 운동이 일어났고, 시위에 적극적으로 참여하다가 일본에 쫓기는

몸이 되었다. 이후 그는 주시경의 원고를 들고 상하이로 넘어가게 된다.

십여 년 후 국내에서 다시 조선어사전 편찬회가 조직되면서 학자들은 주시경의 원고를 찾기 시작했다. 주시경이 기초 작업을 해 둔 원고를 바탕으로 사전을 낼 계획이었기 때문이다. 그래서 이윤재가 책임자로 상하이에서 김두봉을 만났던 것이다. 이윤재는 김두봉에게 함께 사전을 만들자고 제안했지만 거절당했다.

"그럼 주시경 선생님의 사전 원고라도 저희에게 주십시오."

"원고 상태가 엉망이오. 내가 조금 수정해서 우편으로 보내 주겠소. 그대들이 그 수고비로 돈을 좀 마련해 주어야겠소."

이윤재는 귀국하여 조선어 학회 사람들과 이 문제를 의논했다. 돈을 주고 원고를 받는 쪽으로 결론이 났다. 이후 다 같이 돈을 모아 김두봉에게 보내 주었지만 김두봉에게서는 아무런 소식이 없었다.

하지만 일본 경찰의 입장에서는 돈을 김두봉에게 보내 주었다는 건 상하이에 있는 대한민국 임시 정부에 독립 자금을 보낸 거나 마찬가지였다.

이런 식으로 가을이 가고 겨울이 지났다. 새로운 봄이 왔을 때 드디어 경찰 조사는 마무리되었다. 조선어 학회 사람들은 함흥 형무소로 옮겨져 재판을 기다렸다.

사람들이 바라는 건 오직 하나, 어서 빨리 재판정에 서는 것이었다. 경찰에 체포되면 48시간 이내에 구류장*이 발부되어야 하고, 구류는 열흘을 넘길 수 없었다. 하지만 늘 새로운 범죄가 추가되었고 무려 반년가량이 지난 후에야 경찰 수사가 끝이 났다.

하지만 여름이 다 지나도록 재판이 열리지 않았다. 비록 고문에 의해 거짓 자백을 했지만, 재판정에 서면 판사가 그들을 풀어주지 않겠냐는 기대가 있었다. 왜 재판을 하지 않는지 안달이 났다.

"아니 대체 왜 경성으로 안 보내 줄까요? 우리가 함흥 귀신이 될 때까지 여기에 가둬 두려는 걸까요?"

결국 이윤재와 한징은 고문 후유증으로 재판정에 서 보지도 못한 채 함흥 형무소에서 끝내 숨을 거두었다.

***구류장**: 범죄의 혐의가 있는 사람을 가두어 둘 때 발부하는 영장.

일제 강점기, 형사 재판의 '예심'

일제 강점기 재판 과정에는 '예심'이라는 독특한 제도가 있었어요. 정식 재판을 열기 전에 검사가 재판을 열 만한 사건인지 아닌지 판단하는 것이었지요. 예심은 불필요한 재판이 열리거나 억울하게 재판 받는 사람이 생기지 않도록 예방하기 위한 제도였어요.

하지만 일제 강점기에는 오히려 예심 제도가 조선인을 억압하는 제도로 악용되었어요. 재판할지 말지 판단하겠다는 명목으로 누가 되었든 한없이 가둬 둘 수 있었거든요. 실제로 피의자가 조선인일 경우 경찰은 원하는 증거나 자백이 나올 때까지 사람들을 경찰서에 잡아 두곤 했답니다.

체포된 조선어 학회 회원 33명

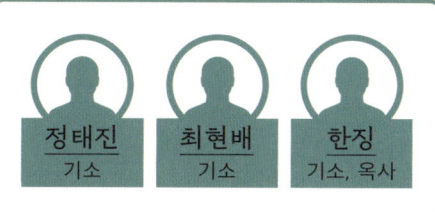

기소된 열여섯 명 중 이윤재와 한징은 감옥에서 순국했고, 장지영과 정열모는 풀려났어요. 나머지 열두 명은 '치안 유지법' 위반으로 재판 받게 되었어요.

고유 언어는 민족의식을 양성하는 것이므로 조선어 학회의 사전 편찬은 조선 민족정신을 유지하는 민족 운동의 형태이다.

- 함흥지방재판소 '예심 종결 결정문'에서

2장 _ 시작된 재판

🌸 드디어 재판이 열리다

　조사는 끝났지만 재판은 오랫동안 열리지 않았다. 해가 바뀌고 1943년 겨울이 되어서야 드디어 재판을 받으러 가게 되었다. 조선어 학회 학자들은 대부분이 경성에서 살고 있고, 학회 사무실도 경성에 있기 때문에 당연히 재판은 경성에서 진행될 줄 알았다. 하지만 일본은 함흥에서 재판을 열었다. 외신의 주목을 받고 싶지 않았기 때문이었다.

학자들이 피투성이인 발을 질질 끌고 나와 보니, 재판을 받으러 가는 사람이 엄청 많았다. 곧 발목에 족쇄를 차고 머리에는 용수*를 뒤집어썼다. 그러고 나서 오랏줄로 굴비 엮듯 사람들을 줄로 엮은 다음 밖으로 이동했다. 머리에 용수를 쓰고 있어 어디가 어딘지 몰랐지만, 웅성대는 소리 덕에 사람들이 자신들을 구경하고 있다는 걸 알아챌 수 있었다.

"조선어 학회 선생님들이 저기 있다!"

*용수: 죄수의 얼굴을 보지 못하도록 머리에 씌우는 둥근 통 같은 기구.

"선생님! 선생님!"

누군지는 모르지만 어떤 학생이 정태진에게 뛰어왔다. 영생여고보 학생인 듯했다. 정태진은 심장이 덜컥 내려앉았다.

"말하지 마. 큰일 난다. 저리 가라!"

용케 목소리가 흘러나왔다. 순사가 보고 있을까 봐 간이 졸아들었다. 무슨 꼬투리가 잡힐지 모를 일이었다.

재판정으로 이동하기 전, 학자들은 냉면집에 들어갔다. 모두 무릎을 꿇고 한방에 모여 앉아 있는데, 검은빛이 도는 냉면을 점심이라고 주었다. 그걸 먹고 있는데, 순사의 눈을 피해 아까 그 학생이 냉큼 옆으로 다가왔다.

"사과예요. 배급 준 거예요."

그렇게 말하며 정태진의 무릎 밑에 사과를 한 알 놓아두고 갔다. 정태진은 사과를 빤히 바라보았다. 사람들이 자신들을 잊지 않고 여전히 기억해 주고 있다는 사실만으로도 눈물이 핑 돌았다.

죄명: 치안 유지법 1조 내란죄

"존경하는 재판장님, 여기 모인 조선어 학회 사람들은 모여서 사전을 만든 것뿐입니다. 학자들이 열심히 일했을 뿐인데, 이게 어떻게 죄가 됩니까?"

변호사가 정말 억울하다는 투로 말했다.

1943년 9월, 함흥의 재판정으로 사람들의 관심이 쏟아졌다. 게다가 피고인으로 앉아 있는 사람들은 조선에서 유명한 지식인들이었다. 재판정은 몹시도 부담스러웠다. 특히나 외국 언론에서 '치안 유지법'에 대해 떠들어대는 건 정말 피하고 싶었다.

"왜 하필이면 조선어로 된 사전이겠습니까?"

일본 검사는 증거 자료를 펄럭이면서 주장했다.

"이 구절을 보십시오. '일어나라, 움직이라.' 이게 무슨 뜻이겠습니까? 저들은 어리석은 조선 민중들에게 폭동을 부추기고 있습니다."

검사의 억지 주장에 판사는 얼굴을 찡그렸다. 어차피 보여 주기 위한 재판이었고, 유죄로 판결 날 재판이었다. 다만 일 년이 넘는 시간 동안 별의별 증거를 다 끌어모았을 텐데, 그럴싸한 것 하나를 갖고 오지 못한 경찰의 수사력이 한심할 뿐이었다.

"재판장님, 학자들이 사전을 만드는 게 문제가 아니라 '조선어' 사전이 문제라고 하신다면, 총독부에서도 이미 조선어사전을 만들었다는 사실을 생각해 주시기 바랍니다. 설마 총독부는 사전을 만들어도 되고, 조선인 학자들은 사전을 만들면 안 된다는 말씀은 아니시지요?"

변호사가 증거물로 내민 조선어사전을 보고, 재판장은 더욱 얼굴을 구겼다.

변호사는 어쩌면 무죄를 받을지 모른다는 희망에 차서 말을 이었다.

"총독부에서도 조선어사전을 출간해도 좋다고 허가해 주었습니다."

일본 검사는 슬그머니 비웃었다. 믿는 구석이 있는 듯 보였다.

"사전을 만든 목적이 매우 불손합니다. 그리고 아까 제가 말씀드린 '일어나라, 움직이라'는 대종교의 노래 가사집에 수록된 글입니다."

변호사가 급히 소리쳤다.

"조선어 학회 학자들은 대종교 사람들이 아닙니다."

"네, 아닐 수도 있죠. 하지만 그 가사를 지어 준 사람인 건 확실하죠. 대

일본이 만든 조선어사전

1920년 일본은 '조선어사전'을 출간했어요. 조선 총독부가 1911년부터 우리말을 모아서 만든 사전이었지요.

우리 민족이 아닌 일본에서 먼저 조선어를 정리해 사전을 만들었다는 사실은 우리나라 사람들에게 충격을 주었어요. 어쩌면 당연한 일이겠지만, 일본이 만든 '조선어사전'은 단순히 조선어를 일본어로 뜻풀이한 사전에 불과했어요. 일본에서는 식민 통치를 원활히 하기 위해 무엇보다 우리말을 할 줄 아는 경찰과 관리가 필요했거든요. 오로지 이런 이유로 '조선어사전'을 만든 것이었지요.

종교 사람들이 아니라고 할지라도 요즘, 감히 천황 폐하의 통치를 인정할 수 없다는 무리가 생겨나고 있으니까요."

일왕의 조선 통치를 반대하는 사람들, 즉 사회주의자들이었다. 요즘 일본에서는 독립운동가들만큼이나 사회주의자들을 잡아들이려고 혈안이 되어 있었다.

어느덧 재판은 조선어사전을 만드는 게 죄인가 아닌가에서 조선어 학회 학자들이 사회주의자들인가 아닌가로 논점이 바뀌었다.

변호사는 화들짝 놀랐다.

"아닙니다. 저들은 선량한 시민들입니다. 사회주의자가 아닙니다!"

사회주의자로 찍히면 치안 유지법에 의해 사형까지도 받을 수 있었다. 그래서 변호사는 조선어 학회 학자들이 사회주의자가 절대 아니라고 강력히 주장했다. 그리고 그 말은 진짜였다.

일본 검사 역시 학자들이 사회주의자일 거라고 생각하는 건 아니었다. 일왕의 통치를 반대하는 무리에 꼭 사회주의자만 있는 것은 아니었으니 말이다. 솔직히 조선의 어떤 사람이 일왕과 일본 제국주의를 좋아하겠는가? 하지만 그 사실을 인정할 순 없었다. 그것을 인정하는 건 조선 스스로 일본과 합병되기 원했다는 일본의 주장에 어긋나기 때문이었다. 하지만 일본을 싫어하는 마음만으로 처벌을 할 수 없으니, 일본 검사는 무조건 그들을 사회주의자로 몰아가려고 했다.

그렇지만 마땅한 증거가 없었다. 그래서 일본 검사는 조선어 학회 학자들을 아주 계산적인 지능범으로 몰아갔다.

"사람들을 선동해서 조선 독립을 쟁취하려고 한 겁니다."

판사는 잠시 생각에 잠겼다. 글쎄, 사전을 만든다고 독립을 할 수 있을까? 그건 누가 봐도 억지 주장이었다. 그렇지만 조선어 학회 학자들이 독립을 바란다는 건 분명 사실이었다. 입 밖으로 소리 내어 말하지 않았지만 재판정에 앉아 있는 판사, 검사, 변호사, 그리고 조선어 학회 학자들, 그리고 재판을 지켜보는 사람들까지 누구나 다 알고 있었다.

하지만 증거가 있는가? 없다.

일본 검사는 조선어 학회를 일본 제국주의 체제를 부정하는 '항일 독립운동 단체'라며 학자들이 지닌 사상이 좋지 않다고 강력하게 주장했다.

하지만 훔치고 싶다는 마음이 아무리 강하다 해도 법적으로는 도둑이 아니다. 실제로 도둑질이라는 행동을 해야만 처벌하는 것이 법 아니던가. 그래서 변호사는 조선어 학회는 학술 단체이고 학술적인 차원에서 사전을 만들었다고 반대 의견을 펼쳤다.

당연하게도 재판정은 일본 검사의 편을 들었다. 그런데 재판정에서 내린 판결문을 보면 그들은 조선어 학회에서 만들려고 했던 사전의 의미를 정확하게 이해하고 있었다. 그들도 바보가 아니었던 것이다.

"본 재판정은 조선어 학회에서 사전을 만드는 일련의 과정이 치안 유지법

조선어사전을 만드는 것은 죄일까?

조선 총독부에서 출판을 허가해 준 조선어사전을 내는 것이 과연 범죄가 될 수 있을까요? 재판정은 그런 꼬투리 잡힐 일은 아예 판단하려 하지 않았어요. 사전을 만드는 것 자체가 죄가 아니라, 사전을 통해 민족을 선동하려 했기에 벌을 준다고 판결을 내렸지요. 조선어 학회에서 '순수한 학문을 위한 목적'이라고 이야기했지만, 재판정은 인정하지 않았어요. 오히려 조선어 학회 학자들이 아주 영리한 방법으로 독립운동을 했다고 판단했지요.

"말글 운동은 문화적 민족 운동임과 동시에 가장 깊이 생각해 먼 미래를 내다보는 민족 독립운동이다."

조선어 학회가 일본이 제시한 합법적인 틀에서 움직였고, 일본의 검열을 통과하여 출판 허가까지 받았다는 사실은 재판에 아무런 도움이 되지 못했어요. 만약 일본이 식민 통치에 자신 있었다면 조선어 학회 학자들에게 무죄를 선고했을지도 몰라요. 그리곤 '너희들이 독립운동을 해 봤자 뭘 얼마나 할 수 있겠느냐?' 하는 마음으로 비웃었겠지요. 그러나 1943년 태평양 전쟁을 치르고 있던 일본은 점점 궁지에 내몰리고 있었어요. 여유를 부릴 형편이 못 되었던 거예요. 그 사실을 알지 못했던 변호사와 조선어 학회 학자들은 다음 재판을 준비하고 있었어요. 하지만 다음 재판이 시작되기도 전에 우리는 광복을 맞이했답니다.

1조 내란죄에 해당된다고 판결한다. 본디 말과 글을 통한 문화 운동은 민족 독립운동의 한 방법이다. 겉으로는 문화 운동의 가면을 쓰고, 체포되기까지 십여 년이나 조선 민족에 대하여 조선의 말과 글을 지키려 했다. 말글 운동은 문화적 민족 운동임과 동시에 가장 깊이 생각해 먼 미래를 내다보는 민족 독립운동이다."

총 아홉 번에 걸친 재판으로 이극로는 징역 육 년, 최현배는 징역 사 년, 이희승은 징역 이 년 육 개월, 정인승과 정태진은 각각 징역 이 년, 김도연, 김법린, 김양수, 이중화, 이우식, 이인은 각각 징역 이 년에 집행유예 삼 년, 장현식은 무죄가 선고되었다.

🌸 한글이 목숨이다

함흥 형무소의 생활은 춥고 배고픈 데다 때때로 매까지 맞았다. 작은 귓속말이라도 새어 나가면 간수가 달려와 몽둥이를 휘둘렀다. 비참한 생활의 연속이었지만, 이따금 사람들이 학자들의 안부를 묻기 위해 면회를 왔다.

하지만 다음날이면 학자들의 몰골은 더욱 퀭해졌다. 면회 때 먹은 음식들 때문이었다. 평소 보리와 옥수수, 귀리 등을 섞어 만든 주먹밥, 그나마도 너무 양이 적어 늘 굶주렸던 그들이 먹기에 외부에서 들어온 음식은 너무 기

름졌다. 위장은 애써 먹은 음식을 받아들이지 못하고 모조리 토해냈다. 그러나 추위와 굶주림에 익숙해지자, 움츠러들었던 정신이 다시금 살아났다.

최현배는 감방에 새로 들어온 젊은이들에게 어두컴컴한 방 안에서 한글 공부를 시켰다. 그리고 아무것도 없는 감방에서 제 살갗 위에, 손바닥 위에 글을 쓰고, 누워서 천장에 눈으로 글자를 쓰고 또 썼다.

그렇게 한글의 풀어쓰기(가로쓰기)를 완성했다. 최현배는 어렵게 종이를 구해 풀어쓰기 방법을 적고, 간수의 눈을 피해 솜바지 안에 감추었다.

"나는 죽더라도 가로쓰기는 살아야 한다."

그리고 면회를 온 가족에게 그 쪽지를 몰래 전해 주는 데 성공했다.

한글 풀어쓰기와 타자기

한때 학자들은 한글 표기 방식으로 네모난 형태로 글을 쓰는 모아쓰기와 알파벳처럼 옆으로 길게 늘어뜨려 쓰는 풀어쓰기 중에 어떤 게 더 나을지 고민했어요. 우리가 지금 쓰고 있듯이 모아쓰기로 결정이 되었지만, 이 논쟁이 의미가 없는 것은 아니에요.

한글	ㅎ ㅏ ㄴ ㄱ ㅡ ㄹ
모아쓰기	풀어쓰기

오늘날 한글의 우수성 중의 하나로 꼽히는 것은 한글이 디지털화에 아주 적합한 문자라는 사실이에요. 우리가 자판에 아주 빠른 속도로 한글을 입력할 수 있는 것이 바로 '모아쓰기, 풀어쓰기 논쟁' 중에 만들어진 성과이지요.

풀어쓰기는 1908년에 주시경이 처음으로 제안한 방식이에요. 발음하기가 쉽고, 활자화하기 편하다는 것이 대표적인 이유였지요. 주시경의 이런 생각과 연구는 최현배에게로 이어졌어요. 최현배는 함흥 형무소에서 옥고를 치르면서도 풀어쓰기에 대한 연구를 포기하지 않았답니다.

그 결과 우리가 지금 컴퓨터와 스마트폰에서 한글을 편리하게 입력할 수 있게 되었어요. 학자들의 연구 덕분에, 풀어쓰듯 초성과 중성, 종성을 누르면 전자 회로가 알아서 모아쓰기로 출력해 주는 방식을 떠올릴 수 있었던 것이지요.

〈한글〉이 나왔다. 훈민정음의 아들로 나왔으며 이천 삼백만 민중의 동무로 나왔다. 조선말이란 광야의 황무지를 개척하며, 조선글이란 보배로운 그릇의 묵은 녹을 벗기며, 조선문학의 올바른 길이 되며, 조선문화의 원동력이 되어 조선이란 큰 집의 터전을 닦으며 주춧돌을 놓기 위하여 이듬해 정묘년 벽두에 나왔다.

- 신명균, 〈한글〉 창간호 '첨 내는 말'에서

3장 _ 천한 글, 국문이 되다

조선어 학회는 1927년부터 본격적으로 사전을 만들기 시작했지만, 사실 예전부터 조선어사전을 만들기 위한 작업은 계속되어 왔다.

그렇다면 사람들은 왜 사전을 만들려고 했을까? 그 이유를 알기 위해서는 1894년으로 거슬러 올라가야 한다. 1894년부터 시작된 조선어사전이 마침내 완성되어 우리 앞에 놓이는 1957년까지, 무수히 많은 일들이 있었다. 그 시간 속에 켜켜이 쌓인 사람들의 의지와 희망을 살펴보자.

🌸 근대의 언어, 한글

조선 전기 훈민정음은 나름 체계를 잡아 가고 있었다. 하지만 조선 후기에 와서 훈민정음은 언문, 암클, 아햇글이 되었다. 여자나 어린아이들이 쓰는 천한 글이라 업신여김을 받았던 것이다. 달리 생각하면 배움이 부족한 사람들도 읽을 수 있고, 이해할 수 있는 글이란 뜻인데 말이다. 이런 한글의 우수성을 먼저 알아챈 사람들은 외국에서 들어온 선교사들이었다.

시대가 변했다. 서양의 여러 나라들과 활발하게 교류하기 시작했고, 서양 문물들이 쏟아져 들어왔다. 새롭게 알아야 할 나라와 도시의 이름이 많았다. 그러자 사람들은 한글이 매우 유용하다는 사실을 깨달았다.

가령, 중국에서는 노르웨이를 한자로 那威라고 쓰고 '나웨이'라고 읽는다. 당시 조선에서는 중국의 방식대로 쓰고 우리말로 읽었는데, 그럴 경우 나웨이는 '나위'가 된다. 결국 노르웨이를 나위로 쓰고 읽으니 어디인지 바로 알기가 어려워지는 셈이다.

이처럼 물밀듯이 밀려 들어오는 서구의 언어를 한자로 적는 것은 너무 불편하고 비효율적인 일이었다. 그래서 1894년 갑오개혁이 일어나면서 나라의 글을 한자가 아니라 한글로 바꾸겠다고 선언했다.

고종 칙령 제1호 중 공문식 제14조
법률·칙령은 모두 국문(國文)을 기본으로 하고 한문(漢文)으로 번역을 붙이거나 혹은 국한문(國漢文)을 혼용한다.

한글이 기본이 되고 한자를 보조 수단으로 삼겠다는 것이다. 곧 국가 공식 문서에 한글이 처음으로 등장했다. 당시 사람들은 이 사건이 얼마나 엄청난 일인지 몰랐다. 그저 서양 말을 적으려면 어쩔 수 없다는 정도로 생각했을 뿐, 한자의 지위가 흔들릴 거라고는 어느 누구도 상상하지 못했다.

시대는 또 다른 변화를 원했다. 바로 근대 국가로서의 변화였다. 일부 지식인들이 정보를 독점하는 시대에서 모든 국민이 정치에 참여하는 시대로 변화해 갔다. 그러기 위해서는 많은 사람들이 글자를 알아야만 했다. 그런데 우리에게는 이미 쉽게 배울 수 있는 글자, 즉 한글이 있었다.

미국과 유럽을 둘러보고 온 유길준은 그걸 바로 깨달았다. 《서유견문》을 쓰면서 그는 한글과 한문을 섞었다. 하지만 안타깝게도 사람들은 '지식인'이 한글을 썼다는 사실에 부끄러워했다.

🌸 순우리말 신문의 등장

나라에서는 여론을 만들어 내고 조선을 외국에 알리기 위해 신문을 이용하려 했다. 하지만 신문을 만들기는커녕 신문이라는 개념도 잘 이해하지 못했다. 은밀히 알아본 조선 정부는 미국으로 도망간 서재필이라면 가능할지도 모르겠다고 여긴 모양이었다.

서재필은 갑신정변으로 조선에서는 대역 죄인이 된 사람이었다. '삼일천하'라고도 불리는 갑신정변이란, 고종 시절 개화파 인물들이 난을 일으켜 정권을 잡았다가 삼 일만에 물러난 사건을 말한다. 당시 주동자였던 서재필로 인해 집안의 모든 사람이 자결하고 사로잡힌 동생은 참형되었으며, 어린 아들은 돌보는 이가 없어 굶어 죽었다. 간신히 제 한 몸만 일본으로 달아났지만, 보호를 약속했던 일본도 서재필을 나 몰라라 했다. 목숨의 위협을 느낀 서재필은 미국으로 몸을 피했고, 그곳에서 이를 악물고 살아남아 공부도 하고 새로 결혼도 해서 미국인으로 살고 있었다. 그런데 조선으로 돌아오라니, 당연히 거절할 수밖에.

그런데 조선에서 갑오개혁이 일어나면서 갑신정변을 일으켰던 이들에 대한 역적의 죄명을 벗겨 주었다. 더불어 서재필에게는 관직까지 약속했다. 이에 서재필은 떠난 지 십일 년 만인 1895년, 다시 고국으로 돌아오게 된다.

서재필은 무슨 마음으로 돌아왔을까? 서재필은 고종을 만나는 자리에서 이렇게 말했다고 한다.

"나는 미국인이요. 필립 제이슨이라고 부르시오."

그뿐만 아니라 미국인의 신분으로 외국인 거주 지역에 살면서, 자신의 이름을 제손 박사, 또는 피제선이라고 썼다.

서재필은 〈독립신문〉의 창간을 준비하면서 배재 학당의 선생으로도 일하고 있었다. 학당에서 서재필은 똘똘한 젊은이를 한 명 만나게 되었다. 배재 학당

학생이었는데, 선교사들이 《성경》을 우리말로 출판하는 일을 도와 편집하는 데 아주 능숙했다.

서재필은 풍하니 물었다.

"그런데 국한문체의 어려운 한자어를 조선어로 바꿀 수 있을까?"

"아, 예. 가능하죠. 오히려 쉽습니다. 제가 정리해 놓은 단어와 자료들이 있는데, 좀 봐 주시겠습니까?"

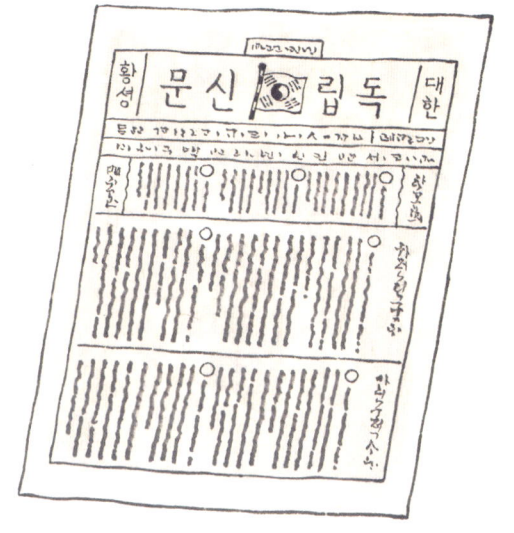

서재필은 눈이 동그래졌다. 우리말의 체계를 잡아 가며 혼자 공부를 잔뜩 해 놓지 않았는가?

"영어에는 문법이라는 게 있지 않습니까. 그런데 우리말은 그런 게 있는지도 잘 모르겠고 가르쳐 줄 사람은커녕 자료랄 것도 없어서, 혼자 정리를 해

보았습니다."

"재밌는 젊은이군. 자네가 나를 좀 도와주게. 나는 순우리말로 신문을 만들 생각이야. 그래야 모든 사람이 쉽게 읽을 게 아닌가?"

"예, 참으로 옳으신 말씀입니다. 그런데 좀 배웠다고 하는 사람들도 순우리말로 된 글은 읽기 어려워하더군요. 익숙하지 않아 그런지 몇 번을 읽어 본 뒤에야 이해한다고 합니다. 그건 왜 그럴까요?"

"아, 그거야 띄어쓰기가 없으니까 그렇지. 글자가 위에 붙었는지 아래에 붙었는지 어떻게 알겠는가? 영어를 보게나. 띄어쓰기가 잘되어 있으니 얼마나 읽기 편한가."

"영어의 띄어쓰기를 우리말에도 적용한다! 그래, 그럴 수 있죠. 정말 멋진 생각입니다. 헐버트 선교사님도 종종 언문(한글)이 중국 글자보다 더 쉽고 훌륭한데, 사람들이 그걸 모르고 업신여긴다고 안타까워하셨습니다. 그 안타까움을 이제 박사님 덕분에 풀게 되었으니 정말 기쁩니다."

"자네 이름이 뭔가?"

"주시경입니다."

둘의 만남은 1896년 4월 7일 〈독립신문〉의 창간으로 이어졌다. 발간인 서재필, 편집 주시경의 〈독립신문〉은 총 네 면 구성이었는데, 세 쪽은 순우리말로, 한 쪽은 영어로 되어 있었다. 최초의 국문 신문으로, 세로쓰기였지만 띄어쓰기가 되어 있었다.

🌸 빼앗긴 조국

앞서 이야기했듯이 〈독립신문〉의 발간은 조선 정부에서 주도했다. 그런데 정부 정책을 비판하는 의견을 신문에 계속 실어 대면 어떻게 될까? 결국 대한 제국 정부는 서재필을 미국으로 추방하고, 〈독립신문〉은 첫 호가 발행된 지 삼 년 칠 개월 만에 역사 속으로 사라졌다.

〈독립신문〉은 폐간되었지만, 주시경은 이때의 경험을 통해 한글 맞춤법 제정 등 국어 연구를 본격적으로 시작했다. 배재 학당을 세 번이나 재입학하여 여러 분야의 서양 학문을 익혔으며, 선교사 스크랜턴에게 우리말을 가르쳐 주면서 영어도 체계적으로 배웠다.

주시경은 경험해서 배우고 익히는 사람이었다. 어린 시절에는 직접 산 위에 올라 안개가 손에 잡히지 않는다는 걸 깨달았다. 처음으로 자연 과학을 배웠을 때는 머릿속 안개가 걷히는 느낌이었다.

주시경은 학교를, 선생을 직접 찾아다니며 공부를 계속했다. 세상은 시끄럽고 복잡했지만 오로지 우리말을 어떻게 하면 쉽고 편하게, 그리고 다가오는 시대에 잘 맞춰 사용할 수 있을까를 고민했다. 그러는 사이 1905년 을사늑약을 맺으며 나라가 일본에 넘어갔다.

당시 상동 교회에는 우리나라의 독립운동에 큰 역할을 한 '상동파'라는 세

력이 있었다. 네덜란드의 헤이그에서 만국 평화 회의가 열린다는 소식을 들은 상동파는 고종과 연대해 나라의 억울함을 알리는 특사를 헤이그로 파견했다. 어렵게 네덜란드까지 간 헤이그 특사는 끝내 회의에 참석하지는 못했지만, 을사늑약이 강제적이고 부당한 조약이었음을 세계에 알렸다. 하지만 이 일을 계기로 고종은 일본에 의해 황제의 자리에서 쫓겨나게 되었다.

헤이그 특사 파견에 상동 교회가 관련 있다는 것을 알아챈 일본이 길길이 날뛰자 선교사들은 '우리는 정치에 상관하지 않는다'면서 교회 청년회를 해산시켰다. 외국인 선교사들은 선교 활동의 안전을 보장받기 위해 신앙과 정치 활동을 분리한 것이다. 이에 주시경은 적지 않은 충격을 받았다.

1895년, 근대화 운동의 하나로 단발령이 시행되었다. 부모님께 물려받은 신체의 일부인 머리카락을 자르라니. 당시 사람들로서는 상상도 할 수 없는 일이었다. 단발령에 반대하며 죽어간 사람도 무척 많았다.

그런데 주시경은 단발령이 내려지기 일 년 전 개화의 길을 선택하며 스스로 머리카락을 잘랐다. 그리고 개화의 상징과도 같았던 배재 학당에 들어가 신학문을 배우고 학당을 졸업하면서 선교사에게 세례까지 받았다.

이렇듯 주시경은 자신의 신념과 행동이 일치해야만 하는 사람이었다. 그런 그에게 종교의 진리만을 받아들이라는 말은 가당치도 않았다. 그때 주시

경의 눈에 띈 건 '나라가 망해도 정신은 가히 존재한다'는 나철의 민족 종교, 대종교였다. 나라가 망해도 정신이 살아 있다면, 우리 민족도 다시 살아나지 않을까? 이렇게 생각한 주시경은 대종교로 과감하게 개종했다. '말과 글과 얼은 하나'라는 정신으로 무장한 주시경이 역사에 등장한 것이다.

🌸 해방의 그날까지

1905년 을사늑약으로 대한 제국은 껍데기만 남았다. 모든 실권은 일본으로 넘어갔다. 일본은 조선을 확실하게 통합하기 위해 여러 가지 준비를 했다. 조선을 제대로 알아야만 관리하고 통치할 수 있기 때문이다. 조선의 초대 통감이었던 이토 히로부미는 일본인 학자 시데하라 히로시를 조선으로 불러들였다.

"조선인들도 개량이 가능할까?"

"걱정 마십시오, 통감. 저만 믿으십시오."

일본은 약 삼십여 년 전 류큐 왕국을 병합시킨 경험이 있었다. 한 번 했던 거 두 번은 못할까?

"조선은 말이오, 참 별것 없다 싶다가도 막상 보면 그렇지가 않단 말이지. 그게 뭔지 모르겠소. 아니, 졌으면 결과에 승복해야 하지 않소? 죽어 가면서도 절대 졌다고 인정을 안 하는 독종이오. 보통으로 끈질긴 게 아니오."

"통감, 그런 독종은 때리면 엎어질지언정 무릎은 꿇지 않습니다."

히로시는 제 머리를 톡톡 두들기며 말했다.

"스스로 무너져 내리게 해야 합니다."

일본의 최종 목표는 명확했다. 조선 민족을 완전히 없애겠다는 거였다. 민족을 없앤다? 어떻게? 조선인의 정체성이 사라지면 되는 것이다. 그 방법으로 택한 것이 조선의 역사와 조선의 말, 조선의 글을 없애는 것이었다.

일본은 조선을 철저히 조사하며 차근차근 계획을 세워 나갔다. 일본은 조선인의 행복을 위해서, 선량하고 평화적인 조선인을 키워 내기 위해서 우수한 일본 문화를 수입하고, 일본어를 적극적으로 보급해 미개한 조선을 개발하겠다고 발표했다.

이처럼 일본의 침략이 본격화된 1907년, 한글 연구 기관인 '국문 연구소'가 탄생했다. 주시경도 국문 연구소의 연구 위원으로 초빙되었다. 국문 연구소는 이 년이 조금 넘는 시간 동안 스물세 차례에 걸쳐 회의를 열었다.

연구소 위원들의 노력 끝에 마침내 '국문 연구 의정안'이 완성되었다. 이는 매우 훌륭한 맞춤법 통일안이었으나 세상에 발표되지는 못했다. 1910년 8월 29일 일본이 공식적으로 조선을 병합한다는 문서에 도장을 찍었기 때문이었다. 이제 국문은 조선어가 아니라 일본어였다.

주시경은 우리말 연구에 힘을 쏟는 것은 물론, 우리말을 더 많은 사람들에게 알리기 위해 직접 가르치는 일도 열심이었다. 강제 병합이 되기 전인 1908년부터 '국어 연구 학회'를 조직하였고, 학회의 이름으로 '국어 강습소'를 설치하여 우리말 연구를 이어 갈 수 있는 많은 제자들을 길러 냈다.

1910년 한일 강제 병합 이후 국어 연구 학회는 '조선 언문회'로, 국어 강습소는 '조선어 강습소'로 이름을 바꾸어야 했지만, 주시경은 우리말을 지키는 것으로 우리의 정신을 지켜 내리라 다짐했다. 이렇게 국어 강습소에서 주시경이 길러낸 제자는 오백여 명에 이른다.

주시경은 제자들에게 늘 강조했다.

"너는 조선인이냐? 일본인이냐?"

"조선인입니다."

"그럼 조선어와 글을 써야 하지 않겠느냐?"

"그렇지요."

"나라를 뺏긴 것도 억울한데, 말과 글까지 뺏길 테냐?"

"……."

"우리의 말과 글마저 빼앗기면 우리는 결코 우리나라를 되찾지 못할 것이다. 말과 글은 우리의 영혼이다. 영혼이 없는 허수아비를 되찾아 무엇 하겠느냐?"

너 일본말 참 잘하는구나. 그러니 정신이 없지.
네 눈에는 집안사람이 다 일본 사람으로 보이냐?
일본말은 일본 사람에게 하고,
조선 사람에게는 조선말로 해라.

- 1920년 6월 15일 〈동아일보〉에서

4장_또 하나의 독립운동

❀ 우리말 사전을 만들어야 한다

　1909년 10월 26일, 중국 만주의 하얼빈역에서 일곱 발의 총성이 울려 퍼졌다. 머리와 가슴에 총을 맞은 이토 히로부미는 그 자리에서 쓰러졌다. 이토에게 총을 쏜 청년은 러시아 말로 외쳤다.
　"코레아 우라!(대한 만세!)"
　일본 제국주의의 심장과도 같았던 인물, 이토 히로부미가 조선의 독립운동가 안중근에 의해 세상을 등진 순간이었다.
　이 사건으로 데라우치 마사타케가 새로이 조선 통감 자리에 올랐다. 데라우치는 고종 황제를 강제 퇴위시키고, 대한 제국의 군대를 해산시켜 독립을 위해 투쟁하던 의병들을 진압하는 데 힘썼다.
　강제 합병 이후 데라우치는 조선 총독부 총독의 자리에 올라 헌병 경찰과 군대를 앞세운 '무단 통치'를 실시했다. 그리고 조선 귀족령을 발표해 대한 제국의 고위 관리 일흔여섯 명에게 귀족의 작위를 주면서 친일파들을 극진히 대접했다.(그중 여덟 명만이 작위를 거절하고 반납했다.)

그리고 거리낌 없이 우리의 문화재와 보물 들을 일본으로 빼돌리기 시작했는데, 우리말로 적힌 목판이 보석함으로 만들어지기도 했다. 지식인들 사이에 진귀한 서적이 사라질 거라는 강한 위기의식이 퍼졌다. 그리하여 최남선과 박은식, 현채 등은 '조선 광문회'를 만들었다. 조선 광문회는 예로부터 내려오던 책들 가운데 중요한 것을 수집하고 새로 출판하여 사람들에게 널리 알리는 데 힘쓰는 모임이었다. 가입 회원에게는 제작비만 받고 조선 광문회에서 출판한 책을 나눠 주겠다고 했다. 이렇게 해서 모인 회비로 출판된 도서는 당시 우리 민족에게 역사에 대한 자긍심과 희망을 심어 주었다.

주시경도 김두봉, 이규영, 권덕규 등 제자들을 이끌고 조선 광문회로 달려갔다. 주시경은 그동안 수집하고 정리한 원고를 내놓으며 말했다.

"옛 책들도 소중합니다. 하지만 지금 현재 우리에게 가장 필요한 일은 우리말 사전을 만드는 일입니다."

곧 조선 광문회는 조선어사전을 편찬하기 위한 작업에 들어갔다. 하지만 사전을 만든다는 것은 쉬운 일이 아니었다. 사전은 우리말과 글의 표준이 되기 때문에 무척 신중해야 했고, 정확성을 기해야만 했다. 또한 엄청난 자료를 정리하고 수집하는 일을 서너 명이 감당할 수도 없었다.

동시에 일본의 탄압도 혹독해졌다. 민족의식을 고취시킬 만한 책의 출판이 금지되면서 《월남망국사》 등 주시경이 순 한글본으로 낸 우리말 도서들도 더는 사람들에게 읽힐 수 없었다. 조선 언문회도 폐지되었다.

이후 주시경은 눈코 뜰 새 없이 바빴다. 사립 학교에서 강사로 일하면서 밤에는 야학 강습소, 일요일에는 일요 강습소로 뛰어다녔다. 앉았던 의자가 식기도 전에 다른 강습소로 보따리를 들고 뛰어간다고 '주 보따리'라는 별명도 생겼다.

일본의 무단 통치는 가혹했고 그에 맞선 우리 민족의 투쟁도 치열했다. 주시경이 몸담았던 대종교에서는 평화적인 항쟁으로 민족의 얼을 지키려 했다.

"우리는 단군의 자손이다! 널리 인간을 이롭게 하려 함이다."

하지만 평화적인 항쟁으로는 할 수 있는 일이 없었다. 대종교는 무장 독립 투쟁으로 방향을 바꾸었다. 대종교의 정신은 종교를 넘어 민족 이념으로 승화되었고, 수많은 독립운동가들이 대종교로 들어왔다. 그들은 가장 먼저 매국노를 처단하기 시작했다. 그러자 대종교의 교세는 엄청난 속도로 뻗어나갔다. 일본이 보기에 대종교는 종교 단체가 아니라 독립운동 단체였다.

"대종교는 불령선인의 소굴이다!"

날이 갈수록 세상이 흉흉해지는 와중에 1911년 '105인 사건'이 터졌다.

조선인들이 데라우치 총독을 암살하려다 실패했다는 소문이 돌았다. 일본이 독립운동가들을 탄압하기 위해 만들어 낸 가짜 소문이었다.

이 조작 사건으로 조선인 105명이 체포되어 유죄 판결을 받았다. 이후 국내의 독립운동 세력은 약해졌고, 수많은 독립운동가들이 국외로 나가기 시작했다. 대종교 역시 총본사를 중국으로 옮겼다.

이때 주시경도 동지들과 함께 만주로 갈 결심을 했다. 주시경은 부모님을 찾아뵙고 마지막일지도 모를 인사를 드리려 고향으로 내려갔다. 머나먼 길을 떠나는 아들을 위해 주시경의 부모님은 옆집에서 찬밥을 얻어 왔다. 그런데 찬밥을 먹고 난 직후 주시경은 복통을 호소했고, 얼마 있지 않아 세상을 떠났다. 주시경의 나이 서른여섯, 너무나도 안타까운 죽음이었다. 이제 우리말과 글이 담긴 사전을 완성하는 것은 제자들의 사명이 되었다.

그러던 중 1919년 3·1 운동이 전국적으로 일어났다. 주시경의 제자 김두봉은 3·1 운동에 참여한 후 그동안 정리해 둔 원고를 들고 상하이로 건너갔다. 국내에서 편찬하기 힘들다면 국외에서라도 사전을 기필코 완성해 보이겠다는 의지였다.

🌸 조선어로 된 민족 신문이 창간되다

1919년 3·1 운동으로 많은 것이 바뀌었다. 당시 조선 총독이었던 하세가와 요시미치가 책임을 지고 자리에서 물러났다. 그리고 사이토 마코토가 제3대 조선 총독의 자리에 올랐다. 새 총독은 경성에 도착하자마자 남대문역

(지금의 서울역)에서 폭탄 세례를 받았다.

운 좋게 살아난 사이토는 그해 12월 학교 규칙을 바꿨다. 조선인 학생들로 하여금 일본어로 자유롭게 의사 표현을 하고, 문학에 취미를 갖게 하겠다는 것이 핵심이었다.

다음 해에는 일본의 역사도 가르치기 시작했다. 일본의 역사 교육은 조선인에게 문화적 열등감을 심어 주려는 장치였다. 일본이 만든 역사 연구 단체 '조선사 편수회'에서는 일본이 한반도를 지배하는 건 역사적으로 정당하다고 우겼다. 편향된 자료를 마치 과학적 근거 자료인 것처럼 제시했다.

이러한 교육 정책은 우리 민족에게 일본 역사와 일본어를 주입하여 우리 민족의식을 완전히 없애려는 검은 속내에서 비롯된 것이었다.

또한 조선에도 대학을 설립할 수 있도록 허가해 주면서 드디어 경성 제국 대학이 들어섰다. 물론 대학에 들어간 학생들 대부분은 조선으로 이주해 온 일본인이었지만, 그럼에도 조선의 지식인들은 감격했다. 일본은 이 모든 것이 '천황 폐하의 온정이니 은혜에 감사하라'고 했다. 사이토 총독의 문화 정치는 이런 식이었다.

일본은 자기들의 정책을 조선인들에게 널리 알리고 싶었다. 그래서 조선인들에게 출판과 언론의 자유를 주었다. 물론 검열과 허가는 받아야만 했다. 〈동아일보〉, 〈조선일보〉, 〈시대일보〉 등이 창간되었다. 조선인이 읽을 신문이었기에 당연히 조선어로 만들어졌다. 그런데 일본은 의도하지 않았겠지만,

신문사의 출현은 한글의 보급에 결정적 역할을 하게 되었다.

> "세상에는 어리석은 사람은 많다. 그런데 우리 집에도 하나 있다."
> "다레(누구냐)?"
> "너지, 누구겠나."
> "도시데(어째서?)."
> "생각해 보려무나. 정신이 있어야 생각도 있지."
> "와다시(나)가 정신이 없어?"
> "너 일본말 참 잘하는구나. 그러니 정신이 없지.
> 네 눈에는 집안사람이 다 일본 사람으로 보이냐?
> 일본말은 일본 사람에게 하고, 조선 사람에게는 조선말로 해라."
>
> 1920년 6월 15일 〈동아일보〉

🌸 조선어사전 편찬회의 설립

1927년 결국 주시경의 원고는 '계명 구락부'로 넘어갔다. 계명 구락부는 조선 문화 증진을 위한 지식인들의 단체였는데, 사전 편찬에 대한 서로 간의 의견 차이가 너무 많았고, 이런 일들을 정리해 줄 사람이 없었다.

그즈음 일본은 경복궁 앞에 새로 큰 건물을 지어 남산에 있던 조선 총독부를 이전했다. 그리고 1929년 남산에 남겨진 구 총독부 건물과 경복궁에서 '조선 박람회'를 크게 열었다. 일본은 발전된 문명의 자신감으로 가득 찼고, 조선의 많은 젊은이들은 모던 걸과 모던 보이를 부러운 눈길로 바라봤다.

조선 총독부가 조선 박람회로 위세를 과시하던 바로 그 시기, 조선어 학회에서 조선어사전 편찬회가 설립되었다. 조선어 학회에 갑자기 등장한 새로운 인물과 함께 시작된 일이었다.

이극로는 조선인 최초로 유럽에서 박사 학위를 받은 사람이었다. 독일 프리드리히 빌헬름 대학에서 박사 학위를 받았다는 사실만으로 이극로는 바로 유명인이 되었다. 보성 전문학교에서 총장 자리를 제의했지만, 이극로는 거절하고 조선어 학회를 선택했다.

커다란 덩치의 이극로가 조선어 학회 사무실 문을 열고 들어오자, 학회 사람들은 모두 깜짝 놀랐다.

"여긴 어쩐 일로 오셨습니까?"

"여기서 조선어사전을 만든다고 해서, 나도 거기에 숟가락을 좀 얹을까 해서 왔습니다."

"……"

모두가 입이 떡 벌어졌다.

"아닙니까? 저, 그냥 갈까요?"

이극로가 몸을 돌려 다시 문을 열고 나가려는 시늉을 하자 학회 사람들이 후다닥 뛰어와 냉큼 이극로의 소맷자락을 붙잡았다.

"잠깐! 가긴 어딜 간다고!"

호박이 넝쿨째 굴러들어 온 느낌이었다.

"거, 일단 반갑소. 여기저기서 와 달라고 하는 곳이 많다는 소문을 들어서 약간 놀랐을 뿐이요."

"그렇지요. 우리 학회는 비록 조금 누추하지만, 학문에 대한 열정은 그 어느 곳보다 높소."

이극로는 사람 앉을 곳도 없이 비좁은 공간에 책과 원고들이 천장까지 쌓여 있는 조선어 학회 사무실을 둘러보면서 말했다.

"조금이 아니라 많이 누추하군요!"

이극로는 어학회 사무실부터 옮기고 싶었다. 사전을 만들려면 일단 일을 제대로 할 수 있는 공간이 있어야 하지 않겠는가. 그러나 조선어 학회에는 돈이 없었다. 처음에는 휘문고등보통학교에 작은 방을 얻어 쓰다가 이제 겨우 수표동 조선교육협회 회관에 월세로 작은 사무실을 마련한 참이었다. 누군들 제대로 된 사무실 하나 가지고 싶다는 꿈이 없었겠는가?

학회 사람들이 노려보자, 이극로가 사람 좋아 보이는 함박웃음을 지었다. 웃음에 전염된 듯 학회 사람들 얼굴에도 웃음이 번졌다.

이극로는 아주 매력적인 사람이었다. 공부만 하는 학자들과는 달리 사회성이 아주 좋았다. 두루두루 사람들과 친했고, 이극로를 알고 싶어 하는 사람들이 많았기에 인맥도 아주 넓었다.

이극로는 조선어 학회에 들어오자마자 '조선어사전 편찬회'를 만들었다. 유명 인사 108명이 발기인으로 이름을 올렸다. 각계각층의 사람들이 참여한 덕분에 여러 분야의 용어들이 우리말로 나올 수 있었다. 높은음자리표, 도돌이표 등 음악 용어와 지름, 부채꼴, 마름모 등 수학 용어가 그 예이다.

> "오늘날 세계적으로 낙오된 조선 민족이 다시 살아날 지름길은 문화의 향상과 보급을 최우선으로 하지 않을 수 없을 것이다. 문화의 기초가 되는 언어의 정리와 통일을 급속히 꾀하지 않을 수 없다. 이를 실천할 최선의 방책은 사전을 편성함에 있다."[*]
>
> '조선어사전 편찬회' 취지서 중에서

이후 이극로는 조선 물산 장려회 모임에서 건축 사업으로 큰돈을 모은 정세권을 만났다. 당시 건축왕이라고 불렸던 정세권은 북촌 한옥 마을을 지켜

---

[*] 이 취지서는 당시에는 별다른 문제가 되지 않았지만, 나중에 조선어 학회 사건을 유죄로 몰고 가는 근거가 되었다. 조선이 살아난다는 것을 조선의 독립으로 보았기 때문이다.

낸 민족 운동가였다.

처음 일본인들이 서울에 들어왔을 때는 지금의 명동 지역에 많이 모여 살았다. 하지만 1927년 조선 총독부가 경복궁 앞에 들어서자 식민지 관리를 위한 관사들이 경복궁 주변에 들어서기 시작했다. 조선인들의 대표적인 주거지인 북촌마저 일본인들에게 빼앗길 위기에 처하자, 정세권은 대규모의 전통 한옥들을 사들인 뒤 작은 규모의 한옥들로 개축하여 많은 조선인들에게 분양했다. 오늘날 북촌 한옥 마을이 바로 정세권의 작품인 셈이다.

정세권은 이극로에게 포부를 물었다.

"저에게는 반드시 이루어야 할 평생의 숙원 사업이 있지요. 바로 조선어사전을 만드는 겁니다."

"사전? 옥편 같은 거 말이오? 모르는 한자 찾아볼 때 보는 그거?"

"네. 사전을 만드는 과정은 아마도 쉽지 않겠지요. 말과 글을 통일하는 어려운 과정을 거치겠지만 반드시 해내고야 말겠습니다."

"아니…… 그걸 왜?"

이극로는 정세권의 귀에 대고 속닥였다.

"지금 일본놈들이 조선인은 미개하고 자기네는 문명이다, 문화 국민이다 뭐 그러지 않습니까? 저는 그게 사전이 없어서라고 생각합니다. 우리에게는 훌륭한 말과 글이 있는데도 말이지요. 우리 조선 민족이 문화 민족이 되기 위해서는 통일된 말과 글, 그리고 사전이 반드시 필요합니다."

정세권은 떨떠름한 얼굴로 이극로를 보았다. 유럽에 가서 박사 학위까지 따왔다기에 얼마나 똑똑한가 싶었는데……. 정세권에게 이극로는 현실은 하나도 모르는 이상주의자처럼 보였다. 정세권이 적당히 대꾸하며 몸을 돌리려는데, 이극로가 "형님!"하고 불렀다.

"저, 형님이라고 불러도 되지요? 같은 민족인데, 위대하신 분은 다 형님이죠. 안 그렇습니까?"

넉살 좋게 달라붙은 이극로는 도대체 형님은 어떻게 돈을 벌었는지 궁금하다며 비법을 알려 달라 졸라댔다. 이극로의 눈빛은 반짝반짝했고, 진심으로 정세권을 존경하는 듯했다. 눈은 그 사람의 내면을 보여 준다고 하지 않은가? 정세권은 형님으로서, 아직 세상을 모르는 덩치만 큰 어린 동생에게 세상 사는 이치도 알려 줄 겸 조금씩 제 이야기를 들려주었다.

그렇게 정세권은 이극로와 친해지면서 조선어 학회의 사무실까지 놀러 가게 되었다. 그리고 거기에서 휴일도 없이 사무실에 나와 일을 하는 조선어 학회 학자들을 보았다. 학자들은 너무나도 좁고 허름한 공간에서 오로지 우리말 연구에만 몰두하고 있었다. 정세권은 학자들의 열정과 의지에 진심으로 감탄했다.

"내가 갖고 있는 게 돈밖에 없어서……."

"감사합니다."

이극로는 덥석 정세권의 손을 잡았다.

"우리 민족의 도움으로 내가 돈을 벌었으니, 내 모든 재산을 우리 민족을 위해 쓰는 것이 당연한 일이지 않겠소."

정세권은 1935년 화동 129번지에 이 층 건물을 지어 조선어 학회에 기증했다. 드디어 조선어 학회에 독립된 사무실이 생긴 것이다. 이외에도 정세권은 사전 편찬에 필요한 예산 등 각종 활동비를 아낌없이 지원했다.

또한 이극로는 의령의 소문난 만석꾼 아들인 이우식과도 막역한 사이였다. 이우식은 일본에서 철학을 공부하고 돌아와 의령에서 3·1 운동을 주동했다가 상하이로 망명했다. 그곳에서 같은 고향 사람인 이극로의 소식을 듣고는 상하이로 와서 공부하라고 권유하기도 했었다.

이우식은 1920년 다시 귀국해 대한민국 임시 정부에 독립운동 자금을 보냈다. 또 경성에서 시대일보사, 중외일보사 등에서 사장으로 일하는 중에 유학을 마치고 국내로 들어온 이극로와 만나게 되었다.

이극로가 조선어 학회의 오랜 소망이던 사전 편찬에 가담하자, 이우식은 조선어 학회의 적극적인 후원자가 되었다. 또한 어려운 환경에서 일하는 여러 분야의 학자들을 후원하기 위해 '조선 양사원'이라는 장학 재단도 만들고자 했다. 이우식은 인재를 키우는 게 독립운동의 한 방편이라고 생각했던 것이다.

조선어 학회의 얼굴 이극로 선생을 만나다!

문 오늘 인터뷰에 응해 주신 이극로 선생님은 조선어사전을 출판하기 위해 많은 노력을 하신 독립운동가입니다. 우리 독립투사들의 이야기를 들어 보면 3·1 운동으로 운명이 바뀌었다는 분이 참 많으시더군요. 선생님도 그러신가요?

답 예. 저 역시 그렇습니다. 3·1 운동으로 인해 뿔뿔이 흩어졌던 독립 단체들이 모여 대한민국 임시 정부를 세웠다는 것은 정말 놀라운 일 아닙니까? 세계의 역사를 보아도 이런 역사를 가진 민족은 우리가 유일하죠. 무장 투쟁, 외교 투쟁, 교육 투쟁 등 저마다 방법은 달랐지만, 모두 우리나라의 독립을 위해 정말 치열하게 투쟁하셨지요. 그때 안희제 선생님께서 3·1 운동을 기념하는 '기미육영회'를 만드셨습니다. 3·1 운동이 일어났던 1919년이 기미년이기에 그렇게 이름 지으셨다고 합니다. 안희제 선생님은 독립을 하려면 인재를 키워야 한다면서 기미육영회의 후원금으로 외국에서 공부하고 올 유학생들을 찾으셨는데, 그중 한 명으로 제가 뽑혀 독일에 갔지요.

문 그렇게 해서 선생님께서 조선인 최초로 유럽에서 박사 학위를 취득하셨군요. 그런데 공부를 하러 가셨다면서 어쩌다 베를린에서 우리말을 가르치시게 된 거예요?

답 조선에서 왔다고 하니까 조선이 어디인지도 모르면서 당연히 중국어나 일본어를 쓰는 줄 알더라고요. 그래서 우리에게는 우리의 말과 글이 있다고 자랑스럽게 말했지요. 세종 대왕께서 친히 민중들을 위해 글자를 창제하셨다고 했더니, 믿을 수 없다면서 사전을 보여 달라고 하더군요. 사전은 아직 없다고 하니까 '사전이 없는 문자가 어디 있냐고, 그런 건 문명화된 문자가 아니다.'라고 하는 게 아니겠습니까? 사전이 없다는 이유로 미개한 언어 취급을 받아서 무척 화가 났는데, 지나고 보니 조금 부끄럽기도 했습니다. 그래서 제가 꼭 우리말 사전을 만들겠다고 결심했죠. 어쨌든 거기에는 중국어반도 있고 일본어반도 있는데, 조선어를 가르치는 곳이 없기에 제가 강좌를 직접 열겠다고 했습니다. 우리나라를 알리고 싶은 마음이 강했어요. 또 프랑스에서 구술 자료를 만든다고 하여, 거기에 참석해서 한글 창제의 내력과 우리말의 자음과 모음을 설명하는 녹음을 하기도 했습니다.

문 네. 이 녹음 파일은 지금도 유튜브에서 들을 수 있습니다. 이뿐만 아니라 선생님께서는 역사책도 쓰셨지요?

답 우리 조선의 독립 투쟁을 알리기 위해서 독일어로 《조선의 독립운동과 일제의 침략 정책》과 《일본 제국주의에 대항한 조선의 독립 투쟁》이라는 두 권의 역사책을 썼습니다.

문 독일에서는 당시 우리나라 사정을 알기 힘들었을 텐데, 어떻게 독립 투쟁 역사의 글을 쓸 수 있었나요?

답 하하하, 제가 서간도에 있을 때 박은식 선생님께 우리 역사에 대해 배웠던 것이 많은 도움이 되었습니다. 또, 독립운동을 했던 친구가 독일로 왔거든요. 일본 육군 대신에게 폭탄을 던졌는데, 아쉽게도 폭탄이 불발이 되어 실패했지요. 그 친구를 통해 당시 조선이 어떻게 독립운동을 하고 있었는지 자세히 알 수 있었답니다.

문 말씀하신 것처럼 독립 투쟁은 다양한 방법이 있는데, 그중에서 선생님은 어떻게 우리말로 독립운동을 하겠다는 생각을 하시게 되었나요?

답 김두봉 선생님을 만나 《깁더조선말본》 출판을 도와드리면서 말이 죽으면 정신을 빼앗기는 거라는 주시경 선생님의 철학에 깊이 공감했습니다. 또한 박사 학위를 취득하고 난 후 영국에 잠시 음성학을 배우러 갔었는데, 거기서 영국의 식민지가 된 아일랜드를 둘러보게 되었어요. 아일랜드도 자신들의 고유한 역사가 있고 게일어라는 자신들의 말이 있었는데, 이제는 모두 사라지고 없더군요. 정말 충격이었습니다. 아일랜드인들이 전부 영어를 쓰는 것을 보고 우리도 우리말을 지키지 않으면 저렇게 되겠다는 걸 제 눈으로 똑똑히 보았죠. 그래서 다른 모든 일을 제쳐두고 우리말을 지키자고 결심했습니다. 그렇게 조선어사전을 발간하는 일을 제 인생의 목표로 삼았습니다.

문 이렇게 우리말로 대화를 하고 글을 읽을 수 있는 것은 다 선생님을 비롯한 조선어 학회의 학자분들이 노력해 주신 덕분이군요.

답 그렇게 생각해 주니 고맙습니다. 이건 모두 우리말을 지키고 사랑해 주신 여러분이 있었기에 가능했던 겁니다. 《조선말 큰 사전》을 발간하기 위해 수많은 말을 모아 주신 동포 여러분, 여러분 덕분에 사전 편찬이 가능했습니다. '말모이 작전'에 함께해 주신 삼천만 동포 여러분, 이 사전의 저자는 바로 여러분입니다.

사회자가 순간 헷갈렸는지 다시 물었다.
"이 선생은 강아지요?"
"아니오, 나는 개새끼요."
표결이 시작될 때부터 내심 웃음을 꾹 참고 있던
회의장에서 웃음이 터졌다.

- 1936년 8월 4일 〈동아일보〉에서

5장_작전명 말모이

🌸 말모이 작전이 시작되다

방언 수집

조선책사전회에서 각 지방 방언을 수집하기 위하여,
4~5년 전부터 시내 각 중등학교 이상 학생을 총동원하야,
하기 방학 시 귀향하는 학생으로 하여금 방언을 수집하였던 바,
이미 수집된 것이 만여 점에 이릅니다.
이것을 정리하여 장차 사전 어휘로 수용할 예정입니다.
여기에 방언 조사란을 특설하였으니,
누구시든지 이 난을 많이 이용하여 주시기를 바랍니다.

〈한글〉 제3권 제8호

"수도 한복판에서 쓰는 말, 빨래터나 시장에서 쓰는 말, 산간의 화전민이 쓰는 말 가릴 것 없이 모두 모아라!"

말모이 작전은 아주 활발하게 이루어졌다. 조선어 학회의 학자들은 교사와 학생들을 동원하여 도시와 농촌의 생활 용어를 모으기 시작했다. 선생님들은 여름 방학 때 집으로 돌아가는 학생들에게 생활 용어를 조사해 오라는 숙제를 내 주었다. 이렇게 열네 개 학교에서 오백여 명의 학생들이 방언 조사에 참여했다. 더불어 학회에서 간행하는 잡지 〈한글〉에도 광고를 내고, 각 지방으로 조사원을 파견해 조사했다.

그러자 전국 각지에서 다양한 우리말이 적힌 수많은 편지가 조선어 학회 사무실에 산더미처럼 쌓이기 시작했다.

> 서투른 붓을 들어 우리 지방 사투리를 연구하시는 여러분 앞에 소개하여서 약간이라도 도움이 된다면 좋겠습니다.
>
> 평안남도 용강 지방 투고자, 채대원

> 이곳 방언을 규칙 없이 두어 말 적어 드립니다. 사전 편찬에 조금이라도 도움이 된다면, 이 뒤에도 힘 있는 데까지 이어 적어 드리려 합니다.
>
> 함경북도 길주 지방 투고자, 김여진

이처럼 우리 민족은 조선어사전의 탄생을 절실히 바라며 힘을 보탰다. 사람들이 각 지방의 말을 기록하고 뜻까지 풀이해서 보내는 등 전국적인 참여로 약 칠 년 동안 일만 개 이상의 단어가 모여 말모이 작전은 성공적으로 끝나게 된다.

1929년 조선어사전 편찬회를 처음 만들 때 학회의 목표는 삼 년 안에 사전을 완성하는 것이었다. 학회의 학자들 대부분 거의 생계를 포기하다시피 하며 쥐꼬리만 한 월급만 받고 사전 편찬에 온 힘을 쏟아부었다. 하지만 사전 편찬의 가장 기초라 할 수 있는 '철자법 통일'과 '표준어'조차 확정되어 있지 않았다.

"'먹어'라고 할까요? '머거'라고 할까요?"

"우리말은 소리 나는 대로 쓸 수 있는 장점이 있으니까 글도 그대로 쓰는 게 옳지 않을까?"

"그렇지만……."

한징은 힐끗 자리를 비운 이극로의 책상을 바라보았다.

"이극로 선생은 '의사'를 '어사'라고 말하잖소. 똑바로 발음해 보라고 해도 그게 잘 안 되는 모양이던데. 그렇지만 의사를 소리 나는 대로 어사라고 적으면 그건 좀 아니지 않겠소?"

한징의 말에 풋, 하고 웃음소리가 새어 나왔다.

"웃을 일이 아닐세. 철자법을 통일하는 것은 매우 중요한 문제야."

"아무래도 모여서 회의를 해 봐야겠어."

그뿐만 아니었다. 어느 말을 표준어로 삼아야 하는지도 중요한 문제였다.

"앉을뱅이, 잠드래비, 깽자리, 철뱅이, 잼재, 소곰재. 이 단어들의 공통점이 뭔지 아십니까?"

"모두 다 잠자리이잖소."

"같은 지방에서조차 뜻이 같은 말을 서로 다르게 부르는 경우가 있지요?"

"그렇지. 강아지랑 개새끼 같은 거."

"개…… 새끼는 욕이잖습니까?"

"아니, 개새끼가 왜 욕이란 말이오?"

"개가 붙어서 좋은 말이 뭐가 있습니까? 강아지라는 말이 있는데 굳이 욕처럼 들리는 말을 표준어로 삼을 순 없지요."

"허허, 그건 자네 편견일세. 개가 꼭 나쁜 의미가 있는 것은 아닐세."

"맞습니다. 우리 동네에서는 강아지라고 안 써요. 개의 새끼보고 개새끼라고 하는데, 그게 왜 욕이 됩니까?"

"사람에게 쓰니까 욕이지."

"나는 그것도 마음에 안 듭니다. 아니 왜 표준어를 꼭 경성 말로 해야 합니까? 지방 사람 기분 나쁘게."

"그거야, 표준어라는 건 나라의 수도를 중심으로……"

"조선은 망하고 없잖소. 신라의 수도는 경주였고 고구려의 수도는 평양이었으니, 경주나 평양 말이 중심이 될 수도 있잖소."

갑자기 사무실 분위기가 축 가라앉았다.

"아니, 그러니까 내 말은……. 음……, 혹시 눈치 없는 사람을 뭐라고 하는지 아는 사람 있습니까?"

아무도 대꾸하지 않았다. 사람들은 저마다 입을 삐죽이며 제 할 일만 할 뿐이었다.

이처럼 사전을 만들기 위해서는 해야 할 일과 결정할 일이 산더미 같았다. 게다가 사전을 만드는 일은 조선어 학회만의 사업이 아니었다. 우리 민족 전체의 뜨거운 관심을 받았다. 학회에서 무슨 일이 일어났는지 민족 신문에서는 연일 자세히 소개했다.

> "여러분, 먼저 강아지부터 손드시오."
> 장시간의 토론이 끝나고 표결이 시작되었다. 낱말의 운명이 결정되는 순간이었다.
> '강아지'를 주장하는 위원들이 먼저 손을 들었다.
> "그럼 개새끼 손드시오."
> 몇몇 위원들이 손을 들었다. 그런데 사회자가 순간 헷갈렸는지 다시 물었다.
> "이 선생은 강아지요?"
> "아니오, 나는 개새끼요."
> 표결이 시작될 때부터 내심 웃음을 꾹 참고 있던 회의장에서 웃음이 터졌다.
>
> **1936년 8월 4일 〈동아일보〉**

철자법 통일이 왜 어려운 문제였을까요?

한글은 말소리를 그대로 기호로 나타낸 표음 문자이므로, 소리 나는 대로 적는 것이 원칙입니다. 그런데 소리가 나는 대로만 적으면 의미를 파악하기 어려울 때가 있지요. '꽃'을 예로 들어 볼까요?

◆ 뜻을 밝혀 적을 경우

| 꽃이 | 꽃도 | 꽃만 |

◆ 소리 나는 대로 적을 경우

| 꼬치 | 꼳도 | 꼰만 |

위에서 보듯이 소리 나는 대로 적으니 꽃과 관련된 글이라는 것을 알기 어렵지 않나요? 그렇다고 모두 어법을 살려 적자니 한글의 편리함이 사라지지요. 그래서 학회의 학자들은 두 가지 방법을 절충하여 사용하기로 합니다. 조선어 학회가 발표한 '한글 맞춤법 통일안'에서는 원칙을 이렇게 밝히고 있어요. '표준어를 그 소리대로 적되 어법에 맞도록 함.' 이 원칙은 지금까지도 이어지고 있지요.

🌸 한글 맞춤법 통일안

　삼 년에 걸쳐 총 433시간, 125차례의 회의를 거친 끝에 1933년 드디어 한글 맞춤법이 통일되었다. 학자들의 의견을 모으는 일은 쉽지 않았다. 서로의 주장이 너무 달라서 멱살을 잡을 듯이 큰소리가 나기도 했다. 하지만 결정을 내린 후에는 언제 그랬냐는 듯 학자들은 결과를 깨끗하게 받아들였다.

　각 신문사에서는 학회를 후원해 주고, 각 지방의 유지들은 만찬을 열어 주었다. 한글 맞춤법이 통일되는 과정은 우리 민족의 작은 축제와도 같았다.

　표준어를 정하는 것은 조금 더 시간이 걸렸다. 학회에서 토론한 시간만 모아도 15,240시간(일 년 구 개월)이었다. 이렇게 오랜 논의와 합의를 통해 표준말이 모였다. 그렇게 모인 말들은 1936년 10월 28일, 한글날 사백구십 주년을 맞아 《사정한 조선어 표준말 모음》으로 발표했다.

　각계각층의 인사들이 축하 인사를 전했다. 행사장에는 일본 형사들도 있었다. 혹시나 조선인들이 모여 작당을 하지 않는지 감시하기 위해서였다. 연단에 선 안창호가 사람들을 향해 말했다.

　"조선 민족은 선조로부터 계승해 온 것을 모두 잊어버리고 결국 국가까지 잊었습니다. 오직 남은 것은 말과 글이니 이것을 보급하고 발달하는 데 힘을 써야 합니다."

　안창호의 연설을 들은 일본 형사는 한글날 기념행사를 중단시켰다. 다음

날 이극로는 경찰서를 방문했다. 이극로는 머리를 조아리고 허리를 굽신거리며 해명을 해야만 했다.

"우리는 그냥 학자들일 뿐입니다. 연구하기도 바빠 죽겠는데 독립운동을 할 틈이 어디 있습니까? 앞으로 이런 일은 절대 없을 겁니다."

당시 조선어 학회의 많은 학자들이 감옥에 가기도 하고, 직장을 잃기도 하는 등 일본의 탄압을 받고 있었다. 당장 이극로 본인조차도 일본의 감시를 받는 마당이었다. 조선어 학회는 언제 해산되어도 이상하지 않은 상태였다. 이극로는 사전이 편찬될 때까지만이라도 학회를 유지하기 위해 일본에 협력하는 척했다.

❀ 넘어야 할 산, 외래어 표기법

"여보세요. 네, 조선어 학회입니다."

"선생님, 안녕하십니까? 저는 〈동아일보〉 기자인데, 빌딩 철자가 어떻게 됩니까? 삘뗑이 맞습니까? 아니면 삘딩으로 써야 할까요?"

"아직 외래어 표기법은 정해지지 않아서요. 죄송해서 어쩌죠?"

마지막으로 조선어가 온전한 민족어가 되기 위해서는 또 하나 넘어야 할 관문이 있었다. 바로 '외래어 표기법'이었다. 나라의 문을 열기 시작한 뒤부터 외래어가 쏟아져 들어왔다.

"모던뽀이인가 모던껄인가? 뻑쓰(박스)인가 바이오린인가? 어떻게 써야 하는지 알려 주시오!"

그 밖에도 커피는 가비차, 가배차, 양탕국으로, 영국의 수도 런던은 윤돈, 로돈, 논돈 등 외래어를 읽고 쓰는 방식은 저마다 달랐다. 이렇게 문의가 빗발쳤지만 학회에서도 어떻게 표기해야 할지 알 수가 없었다.

일단 기준을 정해야만 했다. 원래의 소리대로 할지, 이미 사람들이 익숙하게 쓰고 있는 관용적인 형태로 삼아야 할지도 결정되어 있지 않았다.

"원래 소리대로 한다고 했을 때 원래 소리의 기준은 어디입니까? 가령 '빵'이라는 말이 원래 포르투갈어에서 온 건지 아니면 에스파냐어에서 온 건지 그것도 잘 모르겠네요."

"저…… 그런데, 일본어도 외래어라고 봐야 합니까?"

그건 참으로 큰 문제였다. 지금 식민지 조선에서는 일본어가 국어인데, 조선어 입장에서는 외래어가 맞다. 하지만 과연 일본어를 외래어라고 해도 괜찮을까? 어려운 문제였다.

"일본어를 조선어로 표기하는 방법 먼저 찾아봅시다."

"아, 그러고 보니 이극로 선생님, 선생님은 런던과 파리의 대학에서 음성학을 공부한 적이 있다고 하셨죠?"

이극로는 난처한 듯 인상을 찌푸렸다.

"그렇긴 한데, 제 짧은 음성학 지식으로 외래어 표기를 결정할 순 없잖습니까? 이참에 우리 학회에서도 음성학을 제대로 공부해 올 학자를 일본에 파견해 보는 건 어떨까요?"

"그렇죠. 국내에서는 음성학을 제대로 가르칠 만한 곳이 없군요. 같이 대책을 마련해 봅시다."

외래어 표기는 쉽지 않은 문제였다. 이 문제를 해결하는 데 무려 팔 년의 시간을 쏟았고, 문제를 해결하고도 시범적으로 사용해 보는 기간을 거쳐 수정하고 보완하는 데 이 년이 더 걸렸다. 외래어 표기만을 위한 시간이 무려 십 년이었다.

그동안 많은 것이 변했다. 더 이상 신문사에서는 전화가 오지 않았다. 민족 신문사들이 폐간된 것이다.

1936년 8월 9일 독일 베를린 올림픽에서 손기정 선수가 마라톤 금메달을 땄다. 국내 신문들도 이 사실을 보도했는데, 손기정 선수의 옷에 새겨진 일장기를 슬그머니 지운 게 문제가 되었다.

"문화 정치랍시고 풀어 주니, 이것들이 끝도 없이 기어오르는군."

이전부터 종종 구렁이 담 넘어가듯 은근슬쩍 일본의 심기를 거슬리게 하던 신문사들이었다. 일장기를 지운 기자들은 체포되었고 신문사들은 문을 닫거나 발행이 정지되었다.

1937년 중일 전쟁이 발발하고부터는 사회 분위기가 더욱 험악해졌다. 우리말 사용도 완전히 금지되었다. 학회 내에서도 이제는 우리말이 무슨 소용 있나 하는 회의감이 서서히 번져 가기 시작했다.

거리는 온통 일본에서 강요한 국민복을 입고 다니는 사람들로 가득 했다. 학회 사람들도 커다란 깃발 아래에 모여서 줄지어 남산에 올라 일왕을 향해 고개를 조아리는 행사에 참석해야만 했다.

조선의 지식인들은 이런저런 이유로 경찰서에 끌려갔다 나오곤 했다. 그러고 나면 그들은 가장 먼저 두루마기를 벗어 던지고 국민복을 입었다. 경쟁하듯이 앞다투어 국방 성금을 내고, 조선의 젊은이들에게 일왕을 위해 전쟁터로 나가라고 부르짖었다. 변절자들의 외침이 거리를 쩌렁쩌렁 울려 대고 있었다.

그토록 '우리 민족'을 부르짖던 수많은 사람들의 변절을 지켜본다는 건 견디기 힘들었다. 이즈음 주시경의 제자이자 조선어 학회의 창립 회원이었던 신명균이 조선어 학회의 모든 일에서 손을 떼더니 급기야 스스로 목숨을 끊었다. 일생을 바친 조선어 학회가 노골적으로 일본의 탄압을 받기 시작했고, 모욕적인 일본식 성명 강요를 당하는 현실에 저항하며 자살을 택한 것이었다.

이 일에 대해 조선어 학회의 학자들은 아무런 말도 하지 않았다. 아니 차마 어떤 말도 할 수가 없었다. 모두들 애써 모르는 척했다. 그들은 그저 조선어사전 발간을 위해 꾸역꾸역 힘든 발걸음을 떼어 나갈 뿐이었다.

묵묵히 힘든 시간을 보낸 끝에 1941년 1월 15일, 조선어 학회에서는 《외래어 표기법 통일안 규정집》을 세상에 내놓았다.

"이제 사전 편찬을 위한 모든 준비가 마무리되었습니다."

모두들 눈물이 글썽거렸지만 환호를 지르는 사람은 아무도 없었다. 아직 넘어야 할 더 큰 산이 남아 있었기 때문이다.

사전 편찬을 향한 조선어 학회의 의지

살벌한 사회 분위기 속에서도 조선어 학회 학자들은 버티고 또 버텼어요. 오로지 순수한 학술 단체라는 점을 강조하면서 국방 성금, 신사 참배, 근로 봉사 등 조선 총독부의 온갖 요구를 다 들어주었지요. 조선어사전 편찬과 〈한글〉 잡지 발행을 결코 포기할 수 없었기 때문이었어요. 모든 출판물에 황국 신민 서사를 게재하고 일본을 찬양하는 글을 실어야만 했어요. 그래서 〈한글〉에도 그 설움과 굴욕의 흔적이 남아 있지요.

이극로는 조선어 학회에서 돈을 관리하고 사람들을 만나러 다니는 일을 했어요. 특유의 능청스럽고 호탕한 성격으로 조선 총독부 관리나 경찰에게 선물과 접대를 했고, 사무실을 찾아오는 말단의 일본 형사에게도 돈을 쥐어 주었어요. 친일파 한상룡과의 친분을 과시하면서 조선어 학회는 독립운동 단체가 아니라고 항변했지요. 그럼에도 불구하고 '조선어 학회 사건'이 일어났어요. 일제의 의심을 피할 수 없었던 거예요.

"과연 일본이 출판 허가를 내줄까요?"

"우리가 어떻게 여기까지 왔습니까? 제가 뼈를 갈아 넣어서라도 반드시 허가를 받아 오겠습니다!"

이극로는 호기롭게 소리쳤다. 하지만 모두 알고 있었다. 이제는 정말 숨 쉬는 것조차 힘들 지경이라는 걸.

❀ 허가를 내준 일본의 속셈

조선 총독부의 관리들은 정말 어이가 없었다. 책상 위에 놓인 조선어사전 원고는 정말 대단했다. 조선어 말살 정책의 성과가 이제 서서히 빛을 보나 했는데, 조선어사전이라니! 이게 어떻게 문화 운동이란 말인가?

일본의 식민지 언어 정책은 철저한 계획에 따라 통제되고 있었다. 일본의 언어학자 호시나 고이치는 독일이 폴란드 사람들에게 강제한 동화 정책을 본받아 단순히 조선어를 없애는 데 그치지 않고, 조선의 민족성을 완전히 일본식으로 개조시키고자 했다.

"조선어가 남아 있다 할지라도 저절로 사라지게 될 거라고?"

"아, 저 그게……. 지, 지금 조선어를 쓰는 사람이 어디 있습니까?"

"이게 있으면 나중에라도 살아날 수 있다는 걸 왜 몰라!"

"그……, 그게 가능하겠습니까?"

일본어를 강력한 권력 언어로 만들어 놓으면 조선 사회가 저절로 일본화 될 것이라고 생각했다. 일본은 독일이 너무 급하게 언어 정책을 밀어붙이는 바람에 정신 개조에 실패한 것이라 보았다. 그래서 조선어 말살을 서두르지 않았다. 식민 통치 초기 시절, 총독부 관리들에게 조선어를 장려하기도 하고, 조선어 강습을 허락해 주기도 했다. 하지만 그와는 별개로 국가 기관이나 학교를 통해서 조선어를 없애기 위해 얼마나 노력해 왔는가?

'말이 통하지 않아 목적을 달성하지 못하는 일이 없도록 조선어를 습득하라!'고 명령까지 내리지 않았는가? 그게 문제였을까? 아니다. 식민 통치를 위해서는 꼭 필요한 일이었다. 그러나 그것을 기회 삼아 조선어의 문법을 완성하고 통일하면서 체계를 잡아 왔다니, 정말 어이가 없었다.

"저…… 그러면 출판 허가는 당연히 안 되는 걸로?"

"요즘 시중에 종이 배급이 어떻게 되지? 출판사에서 책을 인쇄할 여력이 있나?"

"감히 어떤 출판사가 이딴 것을 출판하겠다고 나서겠습니까! 죽으려고 작정하지 않는 이상, 아니 죽더라도 못하지요."

담당자는 픽 웃었다.

"그래, 뭐…… 나쁘진 않군. 조선어 학회에 출판 허가나 내줘."

"예?"

"아주 착실하고 꼼꼼하게 서류를 준비해 왔더군. 출판을 반대할 명분도 없지 않은가?"

"하, 하지만……."

"오히려 잘된 일이야. 한곳에 모여 있으니, 한꺼번에 쓸어 버리면 되지."

희망에 가득찼을 때 뭉개 버리면 두 번 다시 일어날 수 없을 것이다. 일본은 단어 몇 개를 삭제하고 몇 가지 수정 사항을 지시하면서 출판 허가를 내주었다.

그리고 전국 각지에서 올라오는 수사 기록을 살펴보기 시작했다. 얼마 지나지 않아 홍원 경찰서에서 아주 사소한 사건 하나가 고등계로 접수되어 날아왔다. 일본이 기다렸던 바로 그 순간이었다.

홍원 경찰서의 야스다는 조선 총독부의 관심에 화들짝 놀랐다.

'맙소사. 드디어 내게도 기회가 오는가?'

그동안 수많은 공로에도 불구하고 일본인이 아니라는 이유로 차별을 받아오던 야스다였다. 절대 이 기회를 놓칠 수 없었다.

야스다가 소리쳤다.

"아니, 이걸 왜 경성에서 가져가려 하십니까? 이건 제 사건입니다."

야스다의 눈은 출세욕으로 이글이글 불타올랐다.

"제가 할 수 있습니다. 잘할 수 있습니다. 맡겨만 주십시오!"

"조선인 형사로군. 할 수 있겠나?"

"네. 절대 믿음을 저버리지 않겠습니다."

이렇게 조선어 학회 사건이 시작되었다.

우리말은 다시 살았다.
우리의 글자로 다시 살았다.
다시는 말하는 벙어리 노릇이나 눈 뜬 소경 노릇을
할 필요가 없는 때가 오고야 말았다.

- 정태진, 〈재건 도상의 우리 국어〉에서

6장_그날이 오면

🌸 서울로 가는 마지막 열차

일본은 전쟁에서 지고 있었다. 연합군은 일본이 점령했던 지역들을 하나하나 되찾기 시작했다. 전쟁을 이어 갈 수 없는 상황인데도 한반도 거리에는 일본의 승리를 선전하는 방송이 크게 울려 퍼지고 있었다. 그리고 마침내 1945년 8월, 일본에 두 개의 폭탄이 떨어졌다. 일본은 한반도에서 떠나야 할 시기가 왔음을 깨달았다.

'이건 그냥 작전상 후퇴일 뿐이야. 잠시만 물러났다가 곧 돌아올 것이다.'

일본은 서둘러 한반도에서 안전하게 물러날 방도를 찾기 시작했다. 그들에게는 훗날을 위해 반드시 해야 할 일이 있었다.

'우리가 잠깐 물러나 있는 사이에 조선인들이 딴마음을 먹으면 안 되지. 아니, 이번 기회에 확실히 뿌리를 뽑아 두는 것도 나쁘지 않겠군.'

8월 18일 모든 정치범, 사상범들은 무조건 처형하라는 명령이 내려졌다. 어느 나라든지 그 사회를 이끌 지도자들이 없다면 오합지졸일 뿐이었다.

그런데 사형 집행을 단 삼 일 앞둔 8월 15일, 라디오에서 일왕은 떨리는 목소리로 항복을 선언했다. 일본인은 모두 꽁지 빠져라 한반도를 벗어났다. 사람들은 모두 어안이 벙벙했다.

'정말 해방이 되었나?'

1945년 8월 15일, 우리 민족은 그렇게 광복을 맞이했다. 하지만 당장 변한 것은 아무것도 없었다. 형무소의 문도 여전히 닫혀 있었다. 조심스럽게 눈치만 보고 있던 사람들이 점점 목소리를 내기 시작했다.

"해방이 되었는데 왜 조선어 학회 선생님들을 풀어 주지 않는 거요!"

형무소 간수는 쩔쩔맸다.

"그, 그게…… 아무 검사님에게 부탁해서 석방해도 좋다는 출옥 명령서를 한 장 가져다 주시면 당장 풀어 드리겠습니다!"

해방 이틀 뒤인 8월 17일, 함흥 형무소의 두꺼운 철문이 열렸다. 고문의 흔적이 가득한 학자들은 제 발로 걸을 수가 없어 들것에 실려 나왔다.

형무소 밖에서 기다리고 있던 함흥의 유지들은 자동차에 그들을 태웠다.

"조선어 학회 선생님이십니다."

차가 지나갈 때마다 거리의 사람들이 만세를 부르며 손뼉을 쳤다. 그제야 진짜 해방을 실감할 수 있었다.

학자들은 몸을 추스를 새도 없이 다음날 서울로 가기 위해 함흥역으로 발

걸음을 재촉했다. 하지만 함흥역은 사람들로 꽉 차 있었다. 일본인 기관사들이 모두 달아나 버린 탓에, 기차 운행이 제대로 되지 않았던 것이다.

"이 선생님들은 조선어 학회 사건으로 옥고를 치르신 분들입니다!"

누군가 소리치자 열차 지붕 위에까지 가득 찼던 사람들이 돌아보기 시작했다. 사람들은 기꺼이 자리를 양보해 주었다.

"이쪽으로 오십시오. 선생님, 여기 앉으십시오."

해방된 조국에서 맞이하는 열렬한 환영이었다.

나중에 알게 된 사실이지만 학자들이 탔던 그 기차는 북에서 남으로 내려가는 마지막 기차였다.

해방된 조국에서

해방 이후 한반도 남쪽에는 미국이, 북쪽에는 소련(지금의 러시아)이 들어왔다. 남쪽과 북쪽이 나뉘어 각각 미국과 소련의 지배를 받게 된 것이었다. 미국은 우리 민족의 현실을 알지 못했다. 아니, 우리나라가 어떤 변화를 원하는지 관심이 없었다. 미국은 친일파를 몰아내기는커녕 일본인 관리들과 일본의 식민지 통치 기구를 그대로 쓰려고 해서 사람들의 분노를 샀다. 사람들의 거센 반발에 부딪히자 미국은 한발 물러서서 한국인들을 정치에 참여

시켰으나 대부분이 일본에 부역했던 친일파들이었다.

조국은 해방되었지만 혼란은 계속됐다. 하지만 조선어 학회 사람들은 오로지 자신들의 일에 집중했다. 그들이라고 새로운 나라, 새로운 사회에 대한 열망이 없었을까. 하지만 학자들은 우리말을 살려내 갈고 닦으며 퍼트리는 일에 온 힘을 쏟기로 했다. 그리고 무엇보다도, 일본 경찰이 증거로 쓰겠다며 가져간 뒤 행방을 알 수 없게 된 사전의 원고를 찾아야 했다.

미국은 대한민국의 교육을 정상화하려고 했고, 새롭게 교과서를 만들고자 했다. 우리말을 연구하고 보급하는 것 외에 다른 일에는 눈 돌리지 않으려 하던 조선어 학회도 이 일만큼은 빠질 수가 없었다.

최현배, 이극로, 장지영 등이 적극적으로 참여한 덕분에 미국이 조선어 학회의 '한글 맞춤법 통일안'을 표기법으로 채택했다. 그리고 국어 교사 양성과 교과서 편찬도 조선어 학회의 일로 가져왔다.

교과서를 만들면서 그들의 가슴은 뛰었다.

'무슨 내용을 넣을까? 어떤 문장을 쓸까?'

검열을 생각하지 않고 마음껏 내 나라말로, 내 나라 글로 쓸 수 있다는 건 정말 황홀한 일이었다. 늦여름 더위에 땀이 뚝뚝 떨어졌지만 더운 줄도 몰랐다. 그렇게 1945년 11월 《한글 첫 걸음》과 《초등국어교본》이 나왔다. 우리말이 국어인, 우리가 스스로 편찬해 낸 첫 국어 교과서였다.

해방 후 우리의 국어

일본의 치밀한 조선어 말살 정책에도 불구하고, 해방과 더불어 우리는 바로 국어 교육을 시행할 수 있었어요. 만약 일제 강점기에 조선어 학회의 민족어 3대 규범(표준어, 맞춤법 통일, 외래어 표기)을 마련하지 못했더라면 해방 후 한글은 어떤 모습이었을까요?

해방과 더불어 한글을 배우겠다는 교육열은 엄청났어요. 곳곳에서 한글 강습회가 열렸지만, 식민 교육을 받은 선생님들에게 학생들을 맡길 순 없었지요. 조선어 학회는 '한글 학회'로 이름을 바꾸고, 교사들의 한글 교육에 힘썼어요. 사회 전 분야에서 일본어를 우리말로 바꾸는 '우리말 도로 찾기 운동'도 펼쳐 나갔답니다. 전 국민이 열성적으로 참여했지만, 전문 학술 용어나 익숙한 한자어 몇몇까지는 미처 바꾸지 못했어요.

🌸 기적적으로 돌아온 사전 원고

해방 후 조선어 학회 회원들은 정말 바빴다. 하지만 그들의 오래된 염원인 사전의 출간을 앞두고, 원고를 찾느라 진땀을 뻘뻘 흘려야 했다. 쉽게 찾을 수 있을 거라고 여겼는데, 일본 경찰이 가져간 그 엄청난 사전 원고 더미는 그 어디에도 없었다. 함흥에 연락을 하고 법원에 연락해 보아도 모두가 모른다고 했다. 사방팔방 돌아다니면서 원고의 행방에 대해 물어보았다. 시간이 흐를수록 학자들의 애간장이 바짝바짝 타기 시작했다.

'설마 처음부터 다시 시작해야 하나?'

조선어사전 편찬회가 만들어지고 십육 년, 그 엄청난 시간을 어쩌면 또다시 반복해야 할지도 모른다는 생각에 머리에 피가 마를 지경이었다.

그러던 어느 날 서울역 역장에게서 연락이 왔다.

"운수 창고를 정리하는데, 엄청난 종이 더미가 있습니다. 이게 혹시 선생님들이 찾던 원고입니까?"

학자들은 한걸음에 서울역으로 달려갔다.

"찾았다, 찾았어! 감사합니다. 감사합니다!"

원고를 다시금 눈으로 보았을 때, 그들은 흘러내리는 눈물을 멈출 수 없었다.

사전 편찬 작업이 다시 시작되었다. 조선어 학회로 거금 팔십이만 원의 국방 성금이 들어왔다. 조선 총독부에서 근무하던 조선인 관리들이 일본에 바

치기로 되어 있었던 돈이었다. 일본의 전쟁 자금으로 쓰일 예정이었던 국방 성금을 우리 민족을 위한 사업에 기부하기로 결정한 것이다. 당시 조선어 학회는 좌파, 우파를 가리지 않고 민족적인 지지를 받는 거의 유일한 단체였기에 가능한 일이었다.

그런데 출판할 돈은 있는데, 돈을 주고 살 물자가 없었다. 특히나 국가를 새로 세우는 일에는 많은 문서, 즉 종이가 필요했다. 민간에 보급되는 종이가 부족하다 보니 사전을 출판할 출판사를 찾기는 더욱 어려웠다. 이극로는 사전을 편찬해 줄 출판사를 찾으러 돌아다녔다. 그 어디도 선뜻 나서는 데가 없었다. 사전 출간의 의미는 크지만 잘 팔리지 않을 것이 뻔했기 때문이었다.

1947년 봄, 이극로는 을유문화사(해방된 1945년인 을유년을 기념해서 만든 이름이다.)를 찾아갔다. 을유문화사 사장 역시 난처해했다. 이극로는 두 주먹으로 책상을 쾅 내리치며 말했다.

"그럼, 내가 이 원고를 들고 일본놈들에게 가서 출판해 달라고 부탁을 해야 한단 말이오?"

"……선생님, 저희가 출간하겠습니다."

오백 쪽이 넘는 두꺼운 책으로 천이백 원이었다. 온갖 시련을 딛고 출간된 사전이었지만 다음 권을 내기가 쉽지 않았다. 조선어 학회의 이런 사정을 알게 된 미군의 한 대위가 미국의 록펠러 재단을 소개해 주었다. 록펠러 재단은 인류의 복지 증진을 목적으로 전 세계 여러 가지 문화 사업을 도와주는 재단이었다.

　록펠러 재단에서는 나머지 이 권에서 육 권까지의 제작비로 사만 오천 달러를 지원해 주기로 했다. 현금이 아니라 출판에 필요한 인쇄 용품 일체를 지원 받았다. 이 사실에 모두가 가슴 벅차하고 있는데, 1950년 6월 25일, 6·25 전쟁이 일어났다. 사전 편찬 작업은 중단되었고, 창고에 보관해 두었던 인쇄 용품은 난리 속에 모두 잃어버렸다.

🌸 전쟁 중에도 사전을 만들다

"물자는 잃어버려도 상관없지만, 원고를 또다시 잃어버릴 수는 없소."
"옳으신 말씀입니다. 이 일을 어찌해야 할까요?"
"베껴 씁시다!"
"예? 저…… 저, 많은 걸?"
"한 부는 가져가고, 혹시 모르니 또 다른 한 부는 땅속에 깊이 묻어 둡시다."
"시간 없소. 바로 시작합시다."

　혹시나 모를 만일의 사태를 대비해 두자는 것이었다. 모두가 서둘러 원고를 베끼기 시작했다. 베낀 원고는 혜화동 최현배의 집에 땅을 깊숙이 파서 묻고 피난을 갔다.

부산까지 피난을 간 학자들은 국군이 서울을 되찾았다는 소식을 들었다.

"서울로 가야겠습니다."

정태진이 나섰다.

"아직 전쟁이 끝난 게 아니오. 위험하오."

"괜찮습니다. 언젠가 끝나겠죠. 오히려 지금 가만히 있는 것이 더 불안합니다."

서울은 엉망이었지만 다행히 원고는 무사했다. 먼저 서울에 올라온 정태진과 유제한은 서울신문사 공장 한구석에 방을 얻어 편찬실을 차렸다. 전쟁이 벌어지는 한가운데에서 두 사람은 약 사 개월 동안 사전을 만드는 데 집중했다. 《조선말 큰 사전》 사 권이 얼추 완성되었을 쯤에야 그들은 한숨을 돌릴 수 있었다.

"여긴 아무리 둘러봐도 먹을 게 하나도 없군요. 이 전쟁 통에……, 어찌하면 좋을까요?"

"시골에는 조금 먹을 게 있지 않을까요? 제가 잠시 다녀오겠습니다."

정태진이 고향인 파주로 가서 쌀을 구해 오기로 했다. 정태진은 미군의 군용 트럭을 얻어 타고 파주로 향했다. 미군의 트럭이 거의 파주에 이르렀을 무렵, 트럭이 갑자기 덜컹거리더니 논바닥으로 굴러떨어졌다. 1952년 11월 2일, 정태진은 사십구 세의 나이에 안타까운 죽음을 맞게 되었다. 그 모진 세월을 어떻게 견디어 왔는데, 참으로 야속한 운명이었다.

🌸 한글 간소화 파동이 일어나다

1953년 휴전 협정이 이루어지고 마침내 전쟁이 멈추었다. 그런데, 사전 편찬은 뜻밖의 복병을 맞게 된다. 대한민국의 초대 대통령이 된 이승만이 한글 맞춤법을 간소화하라고 지시했기 때문이었다.

"한국인들이 고집을 부려 퇴보하려는 거면 모르겠지만, 그렇지 않다면 내가 말하는 식으로 고쳐야 할 것이다. 만약 사람들이 고집을 부리고 고치지 않는다면 정부만이라도 사용하도록 할 것이다."

'내가 말하는 식'이란 이승만에게 익숙한 철자법, 즉 소리 나는 대로 쓰자는 뜻이었다. 어렵고 복잡해 배우기 힘든 한글 맞춤법을 없애고 옛날에 쓰던 맞춤법으로 바꾸라는 것이다. 일명 '한글 간소화 파동'이다.

철자법을 통일하기 위해 정말 많은 토론과 시간을 들여 협의해 왔는데, 그걸 갑자기 일방적으로 바꾸라니. 문교부(지금의 교육부) 장관이었던 김법린이 한글 간소화에 반대하며 자리에서 물러나는 등 많은 사람이 반대했지만 이승만은 고집을 꺾지 않았다.

사전 편찬은 중단되었다. 이승만 정부가 록펠러 재단의 지원을 막았기 때문이었다. 한글 학회로 이름을 바꾼 조선어 학회는 사방으로 뛰어다니며 문제를 해결하기 위해 노력했다.

나라에 진정서*를 제출하고 왜 지금처럼 맞춤법을 통일했는지 설명하는 토론회를 열기도 했다. 미국의 예일 대학에서 한국어를 연구하는 새뮤얼 마틴 박사는 한국에 공개적으로 편지를 보내기도 했다.

> 한글 간소화 방안을 읽고 나서 두려움을 느꼈습니다. 만약 이 방안이 시행된다면, 한국은 후퇴를 불러오는 맞춤법 개혁을 한 유일한 나라가 될 테고, 그러면 세계 교육계의 웃음거리가 되지 않을까 걱정이 됩니다.

결국 이승만이 물러섰다. 한글 간소화 파동은 그렇게 끝이 났다. 그러는 동안 이 년이라는 금쪽같은 시간이 흘러갔다.

1956년 4월 1일 록펠러 재단에서 기부해 준 종이가 인천으로 들어왔다. 1957년 10월 9일 한글날, '애국심의 혼화요, 피의 결정이요, 고난의 알맹이'인 《조선말 큰 사전》이 드디어 완성되었다. 사전 편찬회가 결성된 지 거의 삼십 년 만이었다.

---

*진정서: 사정을 설명하는 글. 문제를 해결하기 위해 공공 기관에 내는 글을 말한다.

조선어 학회 연표

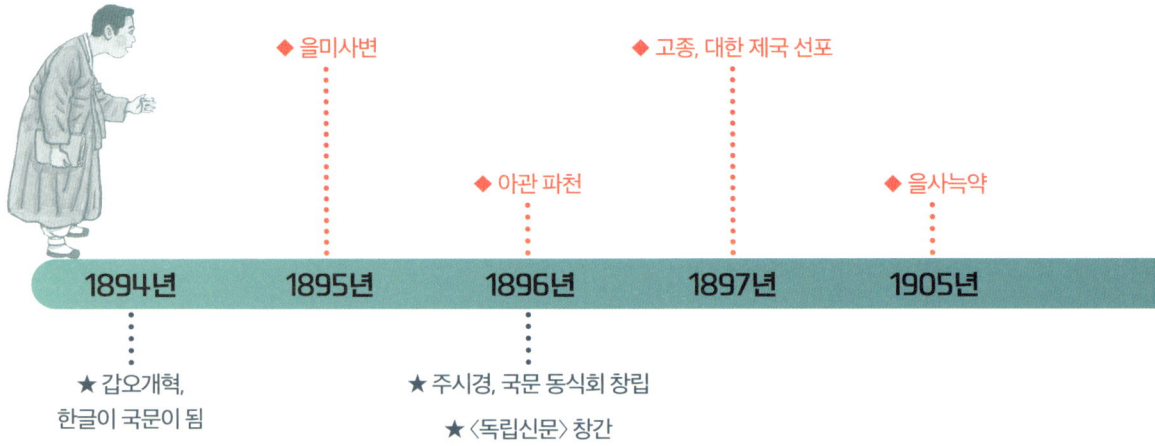

◆ 을미사변 — 1895년
◆ 아관 파천 — 1896년
◆ 고종, 대한 제국 선포 — 1897년
◆ 을사늑약 — 1905년

1894년
★ 갑오개혁, 한글이 국문이 됨

1896년
★ 주시경, 국문 동식회 창립
★ 〈독립신문〉 창간

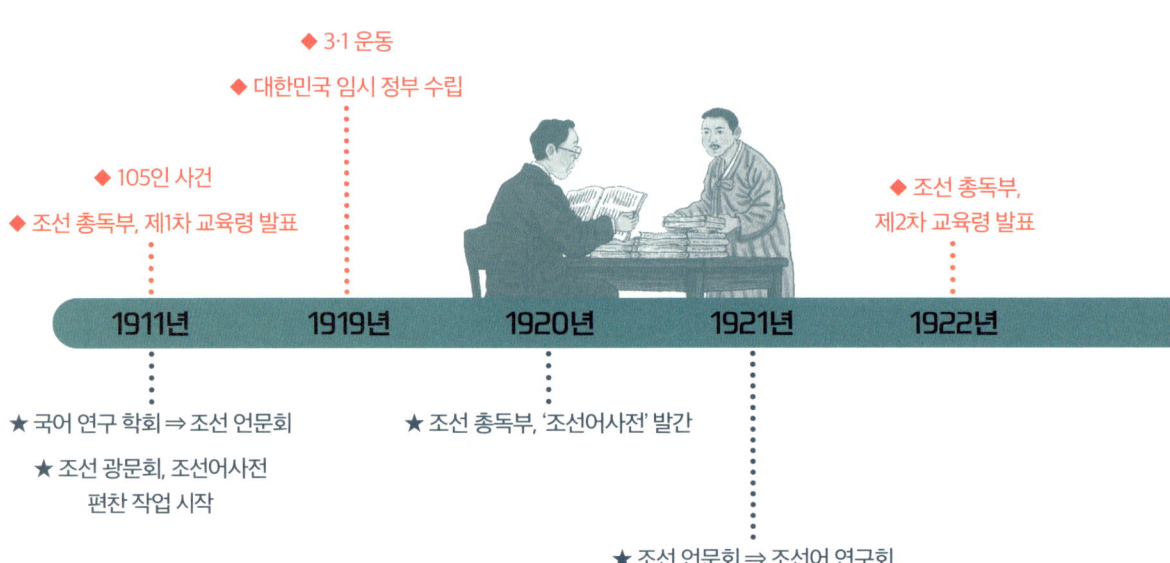

◆ 105인 사건 — 1911년
◆ 조선 총독부, 제1차 교육령 발표 — 1911년
◆ 3·1 운동 — 1919년
◆ 대한민국 임시 정부 수립 — 1919년
◆ 조선 총독부, 제2차 교육령 발표 — 1922년

1911년
★ 국어 연구 학회 ⇒ 조선 언문회
★ 조선 광문회, 조선어사전 편찬 작업 시작

1920년
★ 조선 총독부, '조선어사전' 발간

1921년
★ 조선 언문회 ⇒ 조선어 연구회

◆ 한국사   ★ 조선어 학회

◆ 고종, 헤이그 특사 파견

◆ 안중근, 이토 히로부미 사살

◆ 일본, 조선에 통감부 설치

◆ 나라를 빼앗김

1906년   1907년   1908년   1909년   1910년

★ 주시경, 국어 연구 학회 설립

★ 일본어가 국어가 됨

★ 국문 연구소 창립
★ 주시경, 하기 국어 강습소 개소

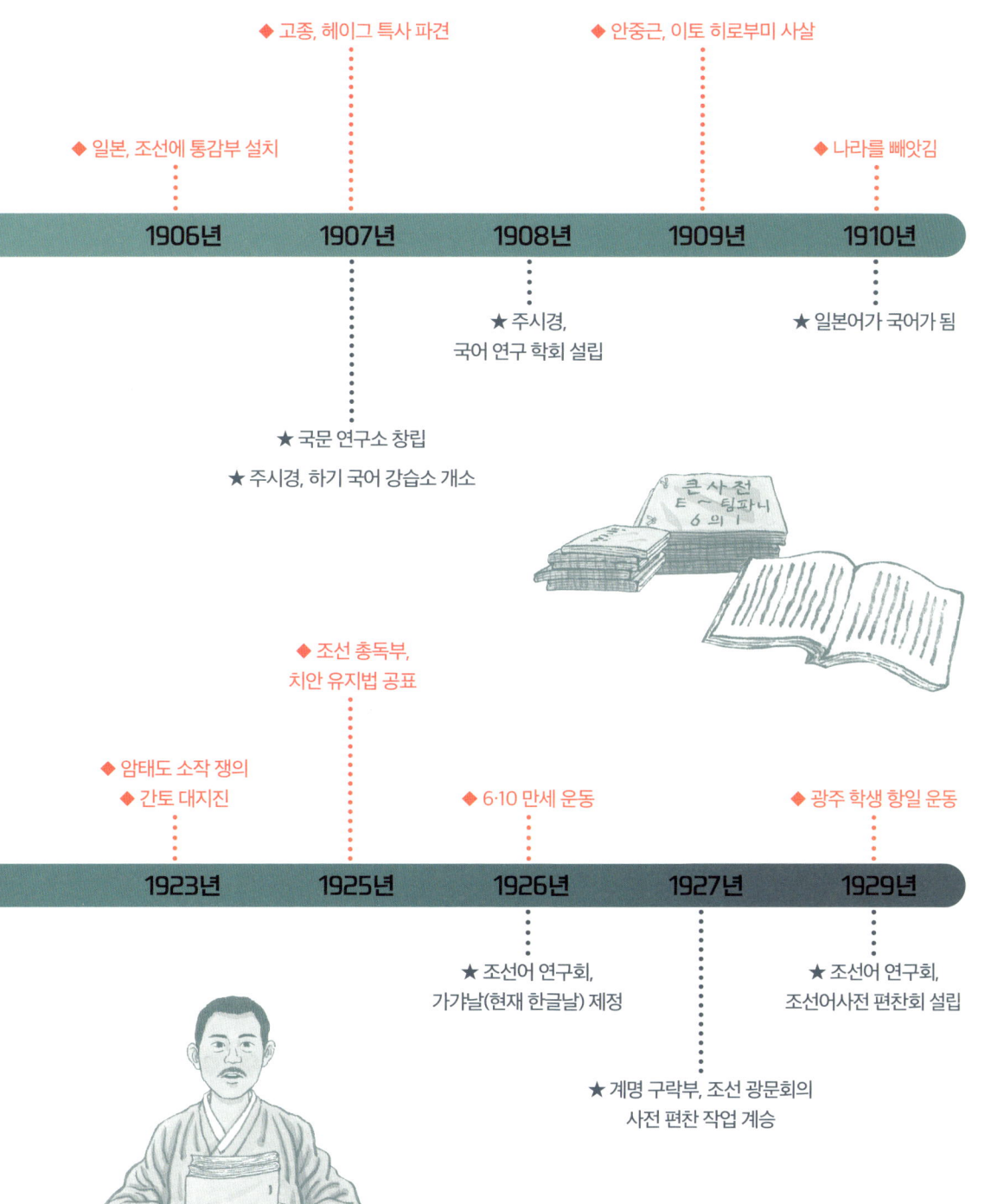

◆ 조선 총독부, 치안 유지법 공표

◆ 암태도 소작 쟁의
◆ 간토 대지진

◆ 6·10 만세 운동

◆ 광주 학생 항일 운동

1923년   1925년   1926년   1927년   1929년

★ 조선어 연구회, 가갸날(현재 한글날) 제정

★ 조선어 연구회, 조선어사전 편찬회 설립

★ 계명 구락부, 조선 광문회의 사전 편찬 작업 계승

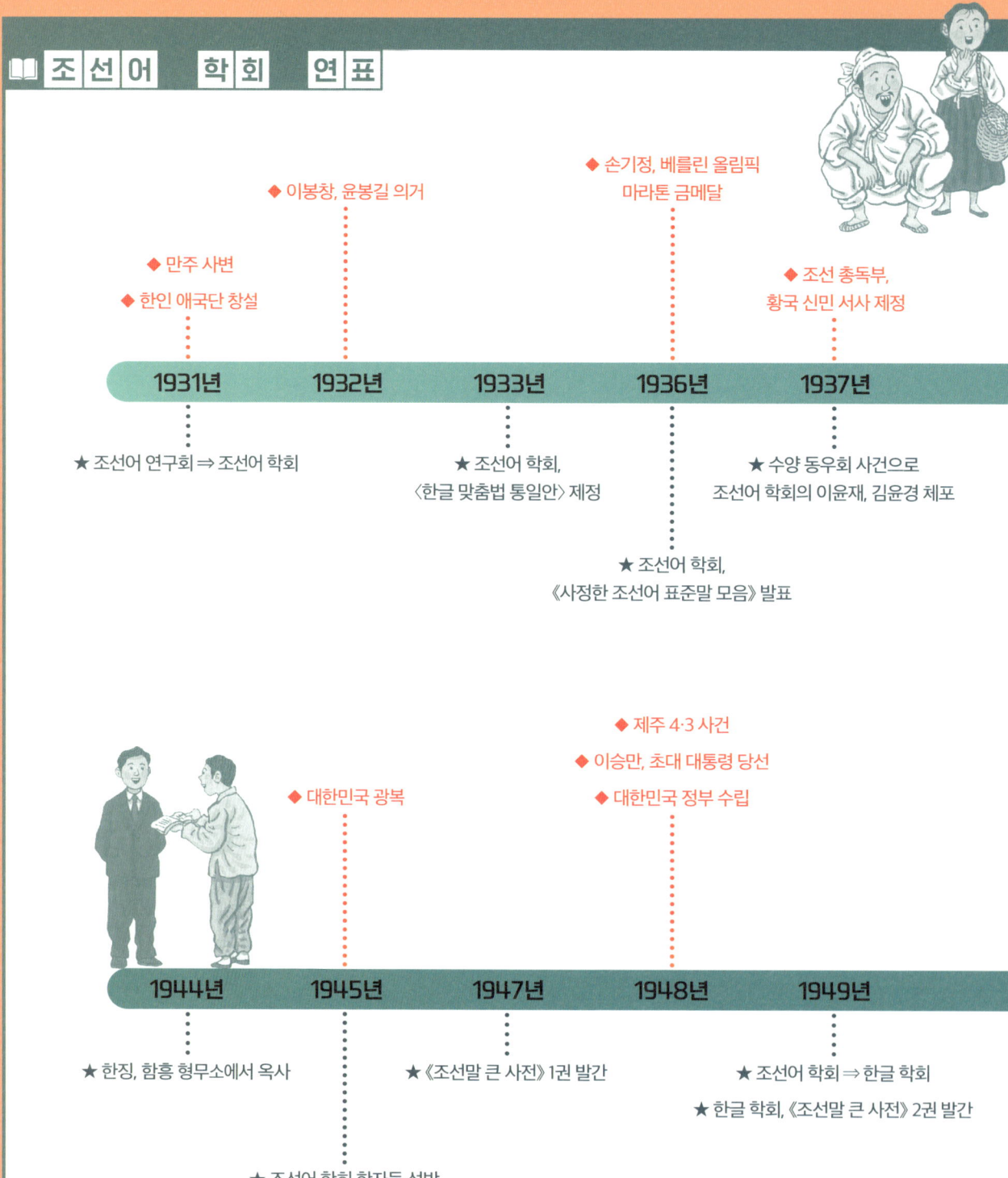

◆ 한국사   ★ 조선어 학회

◆ 조선 총독부, 일본식 성명 강요

◆ 조선 총독부, 국가총동원령 실시
◆ 조선 총독부, 제3차 교육령 발표

◆ 조선 총독부, 제4차 교육령 발표

| 1938년 | 1940년 | 1941년 | 1942년 | 1943년 |

★ 흥업구락부 사건으로 조선어 학회의 이만규, 최현배 체포

★ 조선어 학회, 《외래어 표기법 통일안 규정집》 간행

★ 조선어 사용이 금지됨
★ 이윤재, 함흥 형무소에서 옥사

★ 조선어사전 원고, 조선 총독부 검열 통과

★ 조선어 학회 사건

◆ 이승만, 제2대 대통령 당선

◆ 이승만, 제3대 대통령 당선

◆ 6·25 전쟁 발발

◆ 6·25 전쟁 휴전 협정

| 1950년 | 1952년 | 1953년 | 1956년 | 1957년 |

★《조선말 큰 사전》⇒《큰 사전》
★ 한글 학회,《큰 사전》3권 발간

★ 한글 간소화 파동

★ 한글 학회,《큰 사전》4~6권 발간 총 6권으로 완간됨

작전명 말모이
한글을 지킨 사람들

초판 1쇄 발행 2023년 10월 09일
초판 2쇄 발행 2024년 03월 20일

글 김일옥 **그림** 김옥재
발행처 주식회사 스푼북 **발행인** 박상희 **총괄** 김남원
편집 길유진 김선영 박선정 김선혜 권새미
디자인 정진희 **마케팅** 구혜지 박미소
출판신고 2016년 11월 15일 제2017-000267호
주소 (03993) 서울시 마포구 월드컵북로6길 88-7 ky21빌딩 2층
전화 02-6357-0050(편집) 02-6357-0051(마케팅)
팩스 02-6357-0052 **전자우편** book@spoonbook.co.kr

ⓒ 김일옥, 김옥재 2023
ISBN 979-11-6581-464-9 (73910)

* 저작권법에 의하여 한국 내에서 보호를 받는 저작물이므로 무단 전재와 무단 복제를 금합니다.
* 잘못 만들어진 책은 구입하신 곳에서 바꾸어 드립니다.

제품명 작전명 말모이, 한글을 지킨 사람들	
제조자명 주식회사 스푼북 | **제조국명** 대한민국 | **전화번호** 02-6357-0050	⚠ 주 의
주소 (03993) 서울시 마포구 월드컵북로6길 88-7 ky21빌딩 2층	아이들이 모서리에 다치지
제조년월 2024년 03월 20일 | **사용연령** 10세 이상	않게 주의하세요.
※ KC마크는 이 제품이 공통안전기준에 적합하였음을 의미합니다.	